6e

Cahier de français

Grammaire – Orthographe – Conjugaison
Vocabulaire – Expression

Annie Lomné
Professeur certifiée de lettres classiques (92)

Nom	....
Prénom	....
Classe	....

Sommaire

© Hatier, Paris, avril 2020 – ISBN : 978-2-401-06278-8

1 Les noms

Charles Perrault a écrit des **contes** merveilleux.

Complète les phrases.

Les noms en vert commencent par une .... : ce sont des noms ....

Le nom en rose est précédé d'un déterminant : c'est un nom ....

Je retiens

A QU'EST-CE QU'UN NOM COMMUN ?

- Les noms communs désignent des **êtres vivants**, des **objets**, des **activités**, des **idées**…
- Ils ont un **genre** (masculin ou féminin) et varient en **nombre** (singulier ou pluriel).
- Ils sont le plus souvent précédés d'un **déterminant**.
  ses frères, une fraise, des colliers, la danse, cette habitude
- L'ensemble déterminant + nom (+ adjectif) est un **groupe nominal (GN)**.
  la fontaine, une pauvre femme

B QU'EST-CE QU'UN NOM PROPRE ?

- Les noms propres désignent un **lieu**, une **personne**, un **monument**… qui sont **uniques**.
- Ils commencent toujours par une **majuscule**.
- Ils sont **invariables** (sauf les noms d'habitants) : *un Parisien, des Parisiennes*
- Ils s'utilisent **sans déterminant** (sauf les lieux, les habitants et les monuments).
  Charles, Médor, Jupiter, Paris mais *le Japon, les Japonaises, l'Arc de Triomphe*

Je m'entraîne

Les noms féminins ne finissent pas tous par *e* !

1 Voici une liste de mots.

Louis XIV • élève • Marseille • conte • fée
• loin • Angleterre • rêver • lenteur • lent
• lentement • gentillesse • Apollon • rêve
• jouet • jouer • avec

- 🟨 **1. Souligne en bleu les noms propres.**
- 🟧 **2. Souligne en rouge les noms communs.**
- 🟥 **3. Barre les mots qui ne sont pas des noms.**

2 Souligne en bleu les noms masculins et en rouge les noms féminins.

- 🟨 **1.** fleur • idée • gants • nez • jours • nuit
- 🟧 **2.** lycée • santé • joie • musée • réalités

3 Souligne en bleu les noms au singulier et en rouge les noms au pluriel.

- 🟨 **1.** maisons • étoiles • rues • sac • chapeau
- 🟧 **2.** journaux • mer • lampes • joujoux • pneus

4 **Classe chaque nom commun selon son sens.**

enfant • arbre • sagesse • tulipe • table • léopard • parasol • chêne • fraise
• téléviseur • bonté • collégien • fourmi • stylo • bienveillance • orgueil

Objets	Êtres vivants
....	....
....	....
....	....
....	....

Végétaux	Qualités ou défauts
....	....
....	....
....	....
....	....

5 **Trouve un nom d'objet, de ville, de végétal, d'animal et de personnage célèbre commençant par la lettre *c*, puis *b*, puis *n*.**

	Objets	Villes	Végétaux	Animaux	Personnages célèbres
🟨 c	....	....	....	....	....
🟧 b	....	....	....	....	....
🟥 n	....	....	....	....	....

6 **Nom ou verbe ? Souligne les noms parmi les mots en gras.**

🟨 **1.** Ouvre la **porte**. • Je **porte** un sac rempli de surprises.

🟧 **2.** Tu ne dois pas **rire**. • Ton **rire** est communicatif !

🟥 **3.** **Cours** plus vite ! • **Cours** de maths et de SVT annulés.

Observe bien le mot qui précède, c'est un indice !

7 **Rédige une phrase où le mot *lance* sera un nom et une autre où il sera un verbe.**

....

....

8 **J'applique pour lire**

Cependant Cendrillon, avec ses méchants habits, ne laissait pas d'être cent fois plus belle que ses sœurs, quoique vêtues magnifiquement. Il arriva que le fils du roi donna un bal, et qu'il en pria toutes les personnes de qualité.

Charles Perrault, « Cendrillon ou la Petite Pantoufle de verre » (1697).

a) Relève le nom propre : ....

b) Relève tous les noms au masculin singulier :

....

c) Relève tous les noms au pluriel : ....

....

9 **J'applique pour écrire**

Le surnom Cendrillon vient du mot *cendres*.
Explique à ton tour l'origine d'un surnom de ton invention.

Exemple : *Il était une fois une fille qui pleurait pour un rien. On l'avait surnommée Pleurnichette.*

Consigne
• 2 ou 3 phrases

Coche la couleur que tu as le mieux réussie.

🟨 Relève de nouveaux défis ! ⟶ exercices 1, 2, p.10

🟧 Améliore tes performances ! ⟶ exercice 3, p.10

🟥 Confirme ta réussite ! ⟶ exercices 4, 5, p.10

Chacun son rythme

2 Les déterminants

Les fées possèdent **une** baguette magique.

Barre la proposition incorrecte.

Les mots en gras sont placés avant des noms / des verbes.

Complète la phrase : Les mots en gras sont des ....

Je retiens

A QU'EST-CE QU'UN DÉTERMINANT ?

• Les déterminants se placent avant un **nom**, avec lequel ils s'accordent en **genre** et en **nombre**.
cette fontaine, *sa* cruche (= GN)

B LES DIFFÉRENTS DÉTERMINANTS

		Définitions	Exemples
Articles indéfinis	un, une, des	déterminent un **nom imprécis** ou **inconnu**.	*un* jour, *un* roi
Articles définis	le, la, les, l' (devant un mot qui commence par une voyelle ou un h muet)	déterminent un **nom précis** ou **déjà connu**.	*le* roi (de ce pays)
Articles définis contractés	**au** (à + le), **aux** (à + les), **du** (de + le), **des** (de + les)	**contraction** d'une préposition et d'un article.	la fille *du* roi
Déterminants possessifs	ma, ta, sa, mon, ton, son, mes, tes, ses, notre, votre, leur, nos, vos, leurs	indiquent le **possesseur** du nom.	*mon* fils, *ton* fils
Déterminants démonstratifs	ce, cet, cette, ces	montrent ou rappellent un **nom** dont on a **déjà parlé**.	*cette* nuit, *ces* lutins

Je m'entraîne

1 Utilise le déterminant indiqué pour former des GN avec les noms proposés.

1. **ARTICLES INDÉFINIS** .... lampe • .... chat
• .... ballons • .... beauté

2. **ARTICLES DÉFINIS** .... été • .... sons
• .... lycée • .... prix • .... perdrix

3. **DÉTERMINANTS DÉMONSTRATIFS** .... années
• .... hiver • .... souris
• .... hérisson • .... nez

2 Repère les déterminants et barre les intrus.

1. **3 INTRUS** un • mes • des • beau • le • la • cette • du • leur • ce • les • vos • lui • mes • ses • long

2. **3 INTRUS** une • nos • cet • mot • aux • votre • lourd • notre • mon • ton • voir

3. **6 INTRUS** ces • eux • l' • tes • avec • vos • ma • cette • dans • chez • sa • des • à • elle • mes • son

3 Souligne en bleu les articles, en rouge les possessifs, en vert les démonstratifs.

1. un chat • ces enfants • notre ballon • le vent • ce jour • vos amis • ses livres • des années

2. l'heure • cet été • notre maison • son retard • ces époques-là • ta robe • aux champs

3. ces temps-ci • cette rose • au temps des Romains • vos emplois du temps • mon argent

4 Utilise le déterminant possessif ou démonstratif qui convient.

*-ci désigne ce qui est **proche** et -là ce qui est **loin**.*

1. Regardez .... fleurs : elles viennent de mon jardin. • Quand prend-il .... vacances ?

2. Il habite une de .... maisons avec .... fils. • .... temps .... , je suis fatigué.

3. En .... temps ...., les hommes étaient vêtus de peaux de bête.

5 Souligne les articles définis contractés.

1. l'emploi du temps • le vol des cigognes

2. la loi du plus fort • Tu es au milieu du cercle.

3. Il mange des bonbons à l'entrée du collège.

6 Souligne les articles indéfinis.

1. Il regarde un livre. • Il attend des amis.

2. J'ai senti des gouttes en sortant des vestiaires.

3. Le jour du départ, j'ai eu le résultat des tests.

7 Classe les GN soulignés.

*L'article indéfini **des** devient **de** (ou **d'**) devant un adjectif.*

de grands espaces • la fin du voyage • les hautes herbes • le temps des vacances • l'accident • des courses

Article indéfini + (adjectif) + nom	Article défini + (adjectif) + nom	Article défini contracté + nom
....	....	....
....	....	....

8 Barre les déterminants qui ne conviennent pas aux noms proposés.

*On utilise **mon, ton, son** devant des noms **féminins** commençant par une **voyelle**.*

1. un / le / mon / ces / ma **chat**

2. un / ce / cet / cette / mon / leur / la **enfant**

3. ce / un / des / le / son / ses / ces **bras**

• un / des / ce / ces / son / sa / cet **prix**

• une / l' / la / ta / ton / cet / cette **écharpe**

• mon / ma / un / une / cet / cette **amie**

9 *J'applique pour lire*

Ajoute les déterminants.

.... femme lui dit : « Vous êtes si bonne que je vous fais .... don : à chaque parole, il vous sortira de ..... bouche ...... fleur ou ...... pierre précieuse. »
Lorsque .... belle fille arriva ...... logis, ... mère la gronda.
« Pardon ...... mère », et en disant .... mots, il lui sortit de .... bouche roses, perles et diamants.

D'après Charles Perrault, « Les Fées » (1697).

10 *J'applique pour écrire*

Une fée t'attribue un don. Explique quel est ce don et raconte comment tu l'utilises.
Exemples : *voler, devenir invisible, se transformer en animal...*

Consigne
• 5 lignes
• 6 déterminants

Coche la couleur que tu as le mieux réussie.

Relève de nouveaux défis ! ➞ exercices 6, 7, p. 10 et 8, p. 11

Améliore tes performances ! ➞ exercice 9, p. 11

Confirme ta réussite ! ➞ exercice 10, p. 11

Chacun son rythme

3 Les adjectifs qualificatifs

J'observe

Une **longue** barbe **bleue**.

Complète les phrases.

Les mots en gras nous renseignent sur la taille et la couleur du nom ....

Ils s'accordent en .... et en .... avec ce nom.

Je retiens

A QU'EST-CE QU'UN ADJECTIF QUALIFICATIF ?

• Les adjectifs qualificatifs précisent l'**apparence**, la **couleur**, le **caractère**... d'un **nom** ou d'un **pronom**. On dit qu'ils le **qualifient**.

> la **belle** princesse, il est **grand**

• Ils s'accordent **en genre** et **en nombre** avec le mot qu'ils qualifient.

> de **belles** maisons, le carrosse est **doré**

B LES DIFFÉRENTS TYPES D'ADJECTIFS QUALIFICATIFS

• **Mot simple** : *beau, grand, petit*

• **Mot** formé à l'aide d'un **suffixe** : *lisible, joyeux, jetable* ▶ fiche 32

• **Participe présent** ou **passé** utilisé comme adjectif : *charmant, doré* ▶ fiche 9

⚠ Un adjectif peut être utilisé comme nom : *les **bons** et les **méchants***

Je m'entraîne

1 Barre les mots qui ne peuvent pas être des adjectifs.

1. gentil • valise • long • train • rapide • blanc • blancheur • beauté • courir • heureux

2. rouge • rougeur • loin • lointain • joli • possible • longer • longuement • terrible • élégant • élégance

3. vent • lent • amusant • invisible • mal • visiblement • cible • risible • égal • vraiment • vision • vrai

2 Utilise les adjectifs pour enrichir les GN. Attention aux accords !

blond • peureux • joyeux • drôle • épais • juste • long • beau • chaud

1. **1 ADJECTIF PAR GN** un film ....
   • une fille ....
   • un chat ....

2. **1 ADJ. PAR GN** une jupe ....
   • des animatrices ....

3. **2 ADJ. PAR GN**
   • des vêtements .... et ....
   • un discours .... et ....

3 Forme des adjectifs à partir des mots en utilisant les suffixes *-eux, -ible, -able, -el*.

🟨 **1.** malheur : ....

🟧 **2.** terreur : ....

• occasion : ....

🟥 **3.** vision : ....

• lumière : ....

• année : ....

• accepter : ....

• joie : ....

• rire : ....

• jouer : ....

4 Voici une liste d'adjectifs.

lent • pesant • doré • étonné • étonnant • décoré • prudent • déficient • élevé • émouvant • rosé

🟨 **1. Souligne en bleu les participes passés.**

🟧 **2. Souligne en vert les participes présents.**

🟥 **3. Souligne en rouge les autres adjectifs.**

Les participes peuvent se mettre à l'infinitif.

5 Classe ces adjectifs selon leur sens.

blanc • heureux • carré • coléreux • rouge • déçu • noir • lisse • énorme • étonné • souriant • prudent

Couleurs	Apparence	Qualités et défauts	Sentiments et émotions

6 🟥 Invente une phrase où l'adjectif souligné sera utilisé comme nom.

Mon pull est <u>bleu</u>. ➡ ....

7 *J'applique pour lire*

La Barbe bleue épousa la **fille** cadette de sa voisine. Ses précédentes **épouses** avaient disparu de façon mystérieuse. Un jour, il annonça à sa femme qu'il devait s'absenter pour une affaire importante, mais qu'il voulait qu'elle soit heureuse pendant ce temps. Elle pouvait donc inviter tous ses bons amis.

D'après Charles Perrault, « La Barbe bleue » (1697).

a) Quels adjectifs qualifient les deux noms en gras ? ....

....

b) Relève deux autres adjectifs au féminin singulier et indique le mot qu'ils qualifient :

....

....

c) Souligne un GN masculin de trois mots.

8 *J'applique pour écrire*

Une barbe bleue, ce n'est pas banal ! Imagine à ton tour un personnage au physique original et évoque les conséquences de cette particularité.

Consigne
• 5 lignes
• 5 adjectifs

Chacun son rythme

Coche la couleur que tu as le mieux réussie.

🟨 Relève de nouveaux défis ! ⟶ exercices 11, 12, p. 11

🟧 Améliore tes performances ! ⟶ exercice 13, p. 11

🟥 Confirme ta réussite ! ⟶ exercices 14, 15, p. 11

Les noms

1. Range-mots Classe ces noms.

train • ballons • sacs • rapidité • rivière • vestes • conte • poésie • rues • mer • cousines • bateau

Masculin singulier	Masculin pluriel
....	....
....	....

Féminin singulier	Féminin pluriel
....	....
....	....

Comment as-tu reconnu les mots au pluriel ? Comment se terminent-ils ?

....

2. Mots à la loupe Donne la classe grammaticale des mots soulignés (nom ou verbe).

1. Tu as pris la meilleure <u>place</u>. ....

2. <u>Place</u>-toi à côté de moi. ....

3. Il y a des <u>traces</u> de pas dans la neige. ....

4. <u>Trace</u> un trait bien droit. ....

5. On nous a réservé un bon <u>accueil</u>. ....

3. Pyramide Complète cette pyramide à l'aide des définitions, puis souligne les noms communs.

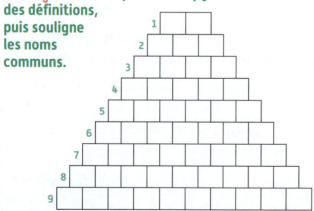

1. Nom utilisé pour donner l'âge.
2. Terre entourée d'eau.
3. Capitale de l'Italie.
4. Les abeilles y vivent.
5. Gaulois qui aime les menhirs.
6. Elle comporte 7 jours.
7. Il a écrit de célèbres contes.
8. Femme née au Japon.
9. Jolie fleur des champs rouge.

4. Charade

Mon premier est le nom d'un oiseau noir et blanc.
Mon deuxième est la 11e lettre de l'alphabet.
Mon troisième est le nom de l'objet qui permet à Cendrillon de transporter de l'eau. **Mon tout** est un nom propre désignant un grand peintre du XXe siècle.

....

5. Double sens Certains mots s'écrivent de la même façon mais n'ont pas le même sens ni le même genre. Emploie chacun de ces mots dans une phrase.

un **tour** • une **tour**

....

....

....

Les déterminants

6. Chasse aux intrus Barre les mots qui ne peuvent pas être des déterminants.

la • plage • chanter • ces • mon • jeu • des • tes • tu • bon • notre • lui • vite • ce • vos • eux • l' • leur • heure

Comment as-tu reconnu les déterminants ? Par quoi peuvent-ils être suivis ?

....

7. Range-mots Classe ces déterminants.

notre • ces • au • les • ses • ta • cette • du • ce • vos • des • leur • l'

Articles	....
Possessifs	....
Démonstratifs	....

Comment as-tu reconnu les démonstratifs ? Par quelle lettre commencent-ils ?

....

....

🟨 **8. Quiz** Coche la ou les bonnes réponses.

Des est un article :

☐ toujours indéfini. ☐ toujours défini.

☐ parfois indéfini. ☐ parfois défini contracté.

🟧 **9. Mots croisés** Remplis cette grille à l'aide des déterminants correspondant aux définitions.

Horizontal 1. article défini fém. sing. • démonstratif masc. sing. **2.** article indéfini fém. sing. **3.** possessif fém. sing. **4.** article défini plur. **5.** article défini contracté sing.

Vertical A. article défini sing. élidé • article défini masc. sing. **B.** article défini contracté sing. **D.** démonstratif plur.

	A	B	C	D	E
1					
2					
3					
4					
5					

🟥 **10. Méli-mélo** Retrouve au moins 15 déterminants dans la grille : tu dois lire dans tous les sens, et une même lettre peut être utilisée deux fois. Ne compte pas *l'*.

L	E	S	E	S
A	U	E	O	A
T	O	N	D	U
E	L	O	E	X
C	E	S	S	A

Les adjectifs qualificatifs

🟨 **11. Cache-cache** Souligne les adjectifs qualificatifs.

gentil • facile • facilement • long • juste • rouge • noir • noircir • impossible • réussite • vieux • vraiment • aventure • rond • pointu • bien • étrange • journal • banal • continuel • bretelle • peureux • feu

🟨 **12. Lettres mêlées** Remets les lettres en ordre pour retrouver quatre adjectifs de couleur.

1. T L O V E I ....

2. U J N A E ....

3. G O N A R E ....

4. E V U A M ....

🟧 **13. Range-mots** Classe ces adjectifs.

réjouissant • fatigué • laid • pâle • annuel • fondant • risible • épanoui • vif • louable

Adjectif simple	Adjectif avec suffixe
Participe passé	**Participe présent**

Comment as-tu fait pour reconnaître les participes ?

....

....

🟥 **14. Pyramide** Complète cette pyramide à l'aide d'adjectifs de sens contraire.

1. mauvais

2. laid

3. petit

4. éloigné

5. gentil

6. banal

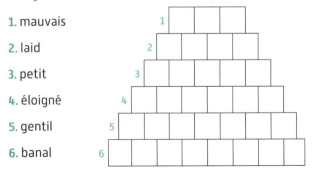

🟥 **15. Charade**

Mon premier permet de couper du bois.
Mon deuxième est une arme que l'on envoyait sur les ennemis.
Mon troisième est le pluriel du nom *œil*.
Mon tout est un adjectif qui ne fait pas de bruit.

....

4 Les pronoms personnels

J'observe

> Riquet à la houppe avait promis d'épouser une princesse. **Il** se présenta à **elle** le jour dit.

Complète les phrases.

Le pronom *il* remplace : ....

Le pronom *elle* remplace : ....

Je retiens

A **À QUOI SERVENT LES PRONOMS PERSONNELS ?**

- À la 3ᵉ personne, ils **remplacent** un **nom**, un **GN** ou le contenu d'une **phrase** pour éviter une répétition.
  Le Prince était très laid mais il était très intelligent.
- Aux 1ʳᵉ et 2ᵉ personnes, ils désignent **qui parle** et **à qui on parle**.
  Je t'ai raconté une histoire.

B **LES DIFFÉRENTS PRONOMS PERSONNELS** ▶ p. 122

- Ils varient en **personne** et en **nombre** et changent de **forme** selon leur **fonction** dans la phrase.

	1ʳᵉ personne	2ᵉ personne	3ᵉ personne
Pronoms personnels sujets	je, j', nous	tu, vous	il, ils, elle, elles
Pronoms personnels compléments	me, m', moi, nous	te, t', toi, vous	le, l', la, elle, les, elles, lui, leur, eux

Je m'entraîne

1 **Barre les mots qui ne peuvent pas être des pronoms personnels.**

🟡 **1.** il • nous • île • te • ton • bien • tenir • bleu • tour • je • mais

🟧 **2.** tu • le • la • des • mes • votre • me • leur • à • du • toi • il

🟥 **3.** les • elle • au • de • par • leurs • dans • les • eux • avec • l' • vous

2 **Indique qui désigne chaque pronom souligné.**

🟡 **1.** Julie dit souvent à sa sœur : « <u>Je</u> .... suis fière de <u>toi</u> .... »

🟧 **2.** Paul et Rachid discutent avec Élodie : « <u>Nous</u> .... aimerions <u>t'</u> .... inviter à notre anniversaire. »

🟥 **3.** Les parents ont réuni leurs enfants, <u>ils</u> .... veulent <u>les</u> .... informer d'un grand changement : « <u>Nous</u> .... sommes heureux de <u>vous</u> .... annoncer qu'à la rentrée, <u>nous</u> .... vivrons dans une grande maison. »

3 Réécris ces phrases en remplaçant les GN soulignés par des pronoms personnels.

Le pronom n'est pas toujours à la même place que le nom qu'il remplace.

■ **1.** Riquet à la houppe était très laid. ....

■ **2.** Une fée fit un don à l'enfant. ....

■ **3.** La fée offrit un autre don à Riquet à la houppe. ....

4 Réécris la fin de ces phrases en supprimant les répétitions à l'aide de pronoms personnels.

*Le pronom personnel complément se place **avant le verbe**.*

■ **1.** Pauline et Julie sont des amies de mon frère, mon frère voit souvent Pauline et Julie.

....

■ **2.** Ma grand-mère fait souvent des gâteaux, ma grand-mère offre ses gâteaux à ses amies.

....

■ **3.** Les parents de Basile et Gaspard rentrent de voyage avec des cadeaux, les parents offriront ces cadeaux à Basile et Gaspard le soir de leur arrivée.

....

5 Remplace les pointillés par le pronom personnel adapté à la phrase.

■ **1.** Riquet était né avec une houppe de cheveux ; on .... nomma donc Riquet à la houppe.

■ **2.** Je ne connais pas Jules, ... est arrivé ici après mon départ, mais .... aimerais .... rencontrer.

■ **3.** Nos cousins sont arrivés, ... allons .... accueillir et .... offrirons les cadeaux que .... avons achetés.

6 Souligne *le*, *l'*, *la*, *les* en bleu s'ils sont articles définis et en rouge s'ils sont pronoms personnels.

*Les **pronoms** sont avant le verbe et les **déterminants** avant le nom.*

■ **1.** Les vacances approchent, nous les attendons depuis longtemps, nous comptons les jours.

■ **2.** Où est passée la clé de la maison ? Je l'avais posée sur la table et je ne la vois plus.

■ **3.** Les résultats seront affichés le lendemain de notre départ, j'aimerais que tu ailles les voir et que tu me les communiques.

7 *J'applique pour lire*

La reine d'un royaume voisin eut deux filles. Celle qui naquit la première était plus belle que le jour : la reine en fut si heureuse, qu'on craignit que la trop grande joie qu'<u>elle</u> en avait ne **lui** fît mal. Une fée était présente et pour modérer la joie de la reine, <u>elle</u> lui déclara que cette petite princesse n'aurait point d'esprit et qu'<u>elle</u> serait aussi stupide qu'elle était belle. *Cela attrista la reine.*

D'après Charles Perrault, « Riquet à la houppe » (1697).

a) Indique les noms que les pronoms personnels soulignés remplacent. ....

b) Que remplace le pronom en gras ? ....

c) Réécris la phrase en italique en remplaçant *la reine* par un pronom personnel.

....

8 *J'applique pour écrire*

Dans le conte, la belle princesse est stupide, mais sa sœur qui est laide est intelligente. Si une fée te demandait de choisir entre les deux, que ferais-tu ? Explique ton choix.

Consigne
• 5 lignes
• 4 pronoms différents

Chacun son rythme

Coche la couleur que tu as le mieux réussie.

■ Relève de nouveaux défis ! ⟶ exercices 1, 2, 3, p. 16
■ Améliore tes performances ! ⟶ exercice 4, p. 16
■ Confirme ta réussite ! ⟶ exercices 5, 6, p. 16

5 Le groupe nominal

J'observe

La belle princesse s'endormit pendant cent ans.

Combien y a-t-il de mots dans le groupe nominal en gras ? ....

Quel mot peut-on supprimer facilement ? ....

Je retiens

A COMMENT RECONNAÎTRE UN GROUPE NOMINAL ?

- Un groupe nominal (GN) est formé au minimum d'un **nom précédé d'un déterminant**.
  un conte, ma vie, cette histoire
- Il peut être précisé par d'autres **mots** ou **groupes de mots** appelés **expansions**.
  *une **belle** princesse, un **grand** livre **de contes***
- On appelle **noyau** du groupe nominal le nom **précisé** par une ou plusieurs **expansions**.

B QUELLES SONT LES PRINCIPALES EXPANSIONS ?

- L'**épithète** est un **adjectif qualificatif** placé **avant** ou **après** le nom.
  *un **grand** arbre, une histoire **étonnante***
- Le **complément du nom** est un nom ou un autre groupe nominal relié au **nom noyau** par une **préposition** : *le château **du prince***

Remarque : il peut y avoir **plusieurs épithètes** ou **plusieurs compléments du nom** dans un même groupe nominal : *la **petite** clé **dorée** du château de Barbe Bleue*

Je m'entraîne

1 Encadre le nom noyau de ces GN.

- **1.** le gentil garçon • cette route étroite
  • ce trousseau de clés • mon livre préféré
- **2.** une passionnante histoire de vampires
  • un petit chemin inconnu
- **3.** le palais de la Belle au bois dormant
  • un long et dangereux chemin de montagne

2 Souligne les adjectifs épithètes.

- **1.** de beaux enfants • des journées ensoleillées
  • un chemin long et dangereux
- **2.** un beau jeune homme
  • de grands espaces inhabités
- **3.** une petite maison bien exposée
  • une haute montagne enneigée

3 Souligne le complément du nom dans chaque GN.

- **1.** la porte de ma chambre • le chemin de la plage • la boîte aux lettres
- **2.** un petit souvenir de vacances • une jeune fille aux yeux bleus • une bague en or
- **3.** le chant des cigales de mon jardin • un petit message sans intérêt • un retour en force

N'oublie pas que *à* et *de* se contractent avec les articles *le* et *les* en *au, aux, du, des*.

4 Souligne en bleu les épithètes et en rouge les compléments du nom.

■ **1.** mon nouveau pantalon noir • un livre amusant et instructif

■ **2.** cette inoubliable journée de printemps • un beau livre de contes

■ **3.** un ancien numéro de mon magazine préféré • la belle voiture de mon vieil oncle

Un groupe nominal complément du nom peut comporter un adjectif épithète.

5 Choisis dans la liste une épithète qui convient. Plusieurs sont possibles !

confortable • passionnant • favori • fatigant • incroyable • petit • difficile • long • préféré

■ **1.** une .... attente • des voyages ....

■ **2.** mon livre .... • cette .... chaise si ....

■ **3.** un travail .... mais .... • cet .... récit.

*N'oublie pas d'**accorder** l'épithète !*

6 Choisis dans la liste un complément du nom pour préciser ces GN.

de la maison • de mon frère • à la menthe • du métier • en cristal • en forêt • du pays • à moteur • en or

■ **1.** l'anniversaire .... • une promenade .... • un bonbon ....

■ **2.** un bateau .... • cette carafe .... • la capitale ....

■ **3.** cette bague .... • le portail .... • les inconvénients ....

7 Remplace chaque complément du nom souligné par une épithète de même sens.

■ **1.** la cantine de l'école : .... • une spécialité de la région : ....

■ **2.** le réchauffement du climat : .... • l'hymne de la nation : ....

■ **3.** la période d'été : .... • le paysage de la ville : ....

8 Complète chacun de ces GN selon les indications.

■ **1.** ÉPITHÈTE un chat .... • COMPL. DU NOM un livre ....

■ **2.** ÉPITHÈTE ET COMPL. DU NOM le .... pantalon ....

■ **3.** 2 ÉPITHÈTES ET 1 COMPL. DU NOM une .... randonnée ....

9 *J'applique pour lire*

La jeune fée prononça ces paroles rassurantes : « La fille du roi ne mourra pas, elle se transpercera la main et tombera dans un profond sommeil de cent ans. »

D'après Charles Perrault, « La Belle au bois dormant » (1697).

a) Encadre deux expansions qui précisent un même nom.

b) Relève les expansions qui précisent les trois noms soulignés et nomme-les.

fée : .... • fille : ....

• paroles : ....

10 *J'applique pour écrire*

Imagine à ton tour qu'une bonne fée te propose de t'endormir pour te réveiller à la période de ton choix.

Consigne
• 5 lignes
• 3 expansions différentes

Chacun son rythme

Coche la couleur que tu as le mieux réussie.

■ Relève de nouveaux défis ! ⟶ exercices 7, 8, 9, p. 16

■ Améliore tes performances ! ⟶ exercices 10, 11, 12, p. 17

■ Confirme ta réussite ! ⟶ exercices 13, 14, 15, 16, p. 17

15

Chacun son rythme

Les pronoms personnels

🟨 **1.** *Range-mots* **Classe ces mots.**

je • un • mon • toi • nous • des • vous • il • aux • une • elle • me • ce • eux • nos

Pronoms personnels	Déterminants
....	....
....	....

🟨 **2.** *Chasse aux intrus* **Barre les mots qui ne peuvent pas être des pronoms personnels.**

elle • du • chapeau • manger • eux • vous • je • grand • des • les • nous • la • des • aller • l'

🟨 **3.** *Quiz* **Coche la ou les bonnes réponses.**

☐ Les pronoms personnels de la 3e personne permettent d'éviter une répétition.

☐ Les pronoms personnels sont toujours sujets.

☐ Les pronoms personnels sont sujets ou compléments.

☐ Le pronom *tu* indique à qui l'on parle.

🟧 **4.** *Range-mots* **Classe les mots qui n'appartiennent qu'à une seule classe grammaticale, puis complète les phrases avec les mots restants.**

tu • il • le • les • lui • du • cet • l' • leur • leurs • elles • votre • son • eux • ces • des • au

Toujours pronoms personnels	Toujours déterminants
....	....
....	....

1. .... est parfois un pronom et parfois un déterminant possessif.

2. ...., ... et .... sont parfois des pronoms et parfois des articles.

🟥 **5.** *Pyramide* **Remplis cette pyramide à l'aide des pronoms qui complètent ces phrases.**

1. *Je* suivi d'une voyelle devient…

2. Le masculin de *elle* est ….

3. Cet objet appartient à mon frère : il est à ….

4. Le pluriel de *je* est ….

5. Léa et sa sœur ont déménagé, je pense souvent à…

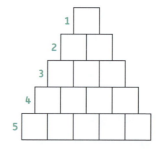

🟥 **6.** *Méli-mélo* **Remets ces pronoms personnels à la bonne place. Attention, il y a des intrus !**

elles • leur • ils • lui • leurs

1. Paul et Laura sont partis en vacances, ... ne rentreront qu'en septembre.

2. J'ai aperçu mon voisin, mais je ne .... ai pas parlé.

3. Mon frère et ma sœur aiment beaucoup les contes, je .... en lis souvent.

Le groupe nominal

🟨 **7.** *Remue-méninges* **Enrichis les GN avec les expansions proposées.**

grande • de montagne • farceur • jeune • d'anniversaire • dangereuse • potager • de pirate

1. un jardin ....

2. ce déguisement ....

3. une .... fête ....

4. un .... enfant ....

5. une route ....

🟨 **8.** *Quiz* **Coche la ou les bonnes réponses.**

L'épithète :

☐ est toujours un adjectif.

☐ se place toujours avant le nom.

☐ est parfois un nom.

☐ se place avant ou après le nom.

🟨 **9.** *Jeu du pendu* **Retrouve les épithètes manquantes (une lettre par tiret).**

1. Cet enfant I _ _ _ _ _ _ _ _ T a sauté dans l'eau G _ _ _ É E.

2. Nous avons passé d'E_ _ E_ _ E_ _ ES vacances.

10. Méli-mélo On a mélangé les expansions de ces GN. Souligne-les et redonne à chaque GN l'expansion qui lui convient.

ce tableau joufflu : _____

un bébé au pelage tacheté : _____

une gentille rivière : _____

un chat de Léonard de Vinci : _____

une grand-mère sinueuse : _____

11. Charades

1. **Mon premier** est une lettre de l'alphabet.
Mon deuxième est un aliment très courant en Asie.
On mange mon second sur **mon troisième** et **mon tout** est un adjectif épithète qui n'est pas faux et peut compléter cette phrase :

Ce collier est en or _____ :

2. **Mon premier** est souvent jeté par mon tout.
Mon deuxième permet de couper du bois.
On respire **mon troisième**.
Mon tout est le complément du nom de ce GN.

Voici le balai de la _____

12. Méli-mélo Complète les expansions de ces GN avec les syllabes disparues, puis souligne les expansions.

nou • ex • croy • mens • fran

une in _____ able histoire • le _____ veau livre de _____ çais • le résultat des _____ a _____

13. Pyramide Retrouve les noms noyaux manquants en remplissant la pyramide.

1. l'... au trésor   2. des ... d'artifice

3. un ... de Perrault   4. l'... du berger

5. la ... de l'arbre   6. les ... de Sophie

```
        ┌─┬─┬─┬─┐
      1 │ │ │ │ │
      ┌─┼─┼─┼─┼─┐
    2 │ │ │ │ │ │
    ┌─┼─┼─┼─┼─┼─┐
  3 │ │ │ │ │ │ │
  ┌─┼─┼─┼─┼─┼─┼─┐
4 │ │ │ │ │ │ │ │
┌─┼─┼─┼─┼─┼─┼─┼─┐
5│ │ │ │ │ │ │ │ │
┌┼─┼─┼─┼─┼─┼─┼─┼─┐
6│ │ │ │ │ │ │ │ │
```

Quel est le nom de ces expansions ? _____

_____

14. Lettres mêlées Retrouve les épithètes manquantes dans la grille et complète les GN.

1. des poids très _____

2. un _____ garçon

3. une eau très _____

4. un sens _____ de l'orthographe

5. un _____ paquet

6. un résultat _____

7. un animal _____

G	E	N	T	I	L
R	U	S	E	N	O
O	R	V	A	N	U
S	A	L	E	E	R
O	U	V	P	I	D
N	T	Y	S	A	S

15. Remue-méninges Trouve le nombre d'expansions demandées.

1. `3 ÉPITHÈTES` un _____ bébé _____ et _____

2. `1 ÉPITHÈTE + 1 COMPL. DU NOM` la _____ forêt

3. `1 ÉPITHÈTE + 1 COMPL. DU NOM AVEC 1 ÉPITHÈTE` cette _____ plage _____

16. Mot caché Remplis la grille à l'aide du contraire des mots proposés, tu découvriras dans les cases colorées l'adjectif qui complète le GN inachevé.

1. vieux

2. ennemi

3. blanc

4. dur

5. faux

6. sombre

7. très petit

8. pousser

Un film

Comment distinguer un pronom personnel d'un déterminant ?

Certains pronoms personnels et certains déterminants sont homonymes : ils se prononcent et s'écrivent de la même façon. Comment les différencier ?

Je repère la place du mot dans la phrase

- Le **déterminant** est le 1er mot d'un **groupe nominal** : il est suivi d'un nom ou d'un adjectif.

    la princesse, le beau prince, un gentil roi, leur grande et belle jeune fille

- Les **pronoms personnels** *le, la, les, l', leur* sont placés **avant un verbe** (ou juste après à l'impératif).

    je la vois, il leur a parlé, il l'aperçoit, dis-le

Je vérifie que j'ai bien compris

1 Repère la place des mots en gras et coche les bonnes réponses.

	AVANT UN VERBE	AVANT UN NOM	DÉTERMINANT	PRONOM
1. **Le** téléphone est déchargé.	☐	☐	☐	☐
2. Je ne **les** connais pas.	☐	☐	☐	☐
3. Ils n'ont pas **leur** clé.	☐	☐	☐	☐
4. Regarde **la** lune.	☐	☐	☐	☐
5. Je **leur** réponds.	☐	☐	☐	☐
6. Je ne **l'**ai pas entendu.	☐	☐	☐	☐

Je remplace ce mot par un autre mot

- Le **déterminant** peut être remplacé par un **autre déterminant** (qui n'a pas d'homonyme).

    la princesse ➝ une princesse

- Les **pronoms personnels** peuvent souvent être remplacés par **le nom ou le GN qu'ils représentent**.

    Ton frère a grandi, mais je l'ai reconnu ➝ j'ai reconnu ton frère.

Je vérifie que j'ai bien compris

2 Remplace les mots en gras par un déterminant ou un GN, puis coche la bonne réponse.

	DÉTERMINANT	PRONOM
1. Apporte **le** DVD.	☐	☐
2. Un chat miaule, je **l'**entends.	☐	☐
3. **Leur** sac est grand.	☐	☐
4. **Les** enfants jouent.	☐	☐
5. Ces vacances, nous **les** attendions !	☐	☐
6. Nous **la** surveillons.	☐	☐

À RETENIR

Le, la, les, l', leur + nom = déterminant (remplaçable par un autre déterminant)

Le, la, les, l', leur + verbe = pronom (souvent remplaçable par le nom ou le GN qu'il représente)

J'APPLIQUE LA MÉTHODE

3 Articles ou pronoms personnels ? Souligne les mots en gras : articles en bleu et pronoms en rouge.

1. Où est **le** chat ? Je **l'**entends miauler.
2. Je ne **le** vois pas... C'est bizarre, **le** bol est plein de croquettes. Pourquoi ne **les** a-t-il pas mangées ?
3. En plus, c'est **la** marque qu'il préfère !
4. J'ai compris ! Je **l'**ai enfermé dehors !
5. Que font **les** enfants ? Je ne **les** vois pas.
6. Je **les** entends chanter dans **la** salle de bains.
7. **Le** jour de mon anniversaire, j'ai eu **la** surprise de **la** voir arriver.
8. Je n'aime pas **les** maths, mais je ne **le** dis à personne.
9. Nous ne **l'**avons pas vu depuis **la** fin de **l'**année.

4 Déterminant possessif ou pronom personnel ? Souligne le mot *leur* en bleu quand il est déterminant et en rouge quand il est pronom.

1. Luc et Djemila m'ont parlé de **leur** chanson préférée. Je **leur** ai proposé de l'écouter.
2. Ils avaient pris **leur** maillot, ce qui **leur** a permis de se baigner.
3. **Leur** grand-père **leur** a cuisiné des lasagnes.
4. **Leur** voyage a été mouvementé, demande-**leur** de te le raconter.
5. Je ne **leur** dirai pas que **leur** petit chat a griffé notre fauteuil.
6. Il **leur** est arrivé une mésaventure : **leur** voiture est tombée en panne.
7. Dis-**leur** que nous **leur** téléphonerons.

5 Complète par *leur* ou *leurs*.

⚠️ *Leurs* au pluriel est toujours un déterminant.

1. Ils ont laissé _____ blousons chez eux, je _____ avais pourtant dit de les prendre.
2. Je _____ ai fixé rendez-vous près de _____ collège.
3. _____ avez-vous donné _____ cadeaux ?
4. Rendez-_____ _____ jouets !
5. Je ne _____ ai pas encore parlé de _____ vacances.
6. Nous _____ redirons que _____ fréquentes visites sont appréciées.
7. _____ expliquerez-vous les conditions de _____ réussite ?
8. _____ études sont terminées.

6 Relie les mots soulignés à la bonne réponse.

1. Je <u>les</u> ai vus •
2. <u>Le</u> conte •
3. <u>Leur</u> fils •
4. <u>L'</u>illusion •
5. Cela <u>leur</u> plaît •
6. Je <u>l'</u>écoute •
7. <u>La</u> rivière •
8. Je <u>le</u> sais •

• **pr. personnel**
• **article défini**
• **dét. possessif**

7 Complète par des homonymes. Écris en bleu s'il s'agit d'un déterminant et en rouge si c'est un pronom.

1. Nous ____ avons vu à ____ arrivée de ____ course.
2. ____ fin, je ____ connais, mais je ne te ____ dirai pas.
3. Je ne ____ ai pas parlé de ____ vacances.
4. Je ____ ai vus tous ____ jours.
5. ____ cousin de Léa, je ____ connais.
6. ____ parents ____ ont laissé les clés.
7. C'est ____ dernière fois que je ____ vois.
8. Nous ____ préviendrons, dès que nous connaîtrons ____ résultat.

8 **Bilan** Parmi les mots en gras, souligne :
• en rouge les articles définis,
• en vert les pronoms personnels,

Au bout de cent ans, **le** fils du roi qui régnait alors, et qui était d'une autre famille que **la** princesse endormie, étant allé à **la** chasse de ce côté-là, demanda ce que c'était que ce château qu'il voyait au-dessus d'un grand bois fort épais. **La** plus commune opinion était qu'un ogre y demeurait, et que là il emportait tous **les** enfants qu'il pouvait attraper, pour pouvoir **les** manger à son aise et sans qu'on puisse **le** suivre, car il était seul à avoir **le** pouvoir de se faire un passage à travers **le** bois.

D'après Charles Perrault, « La Belle au bois dormant » (1697).

19

6 Le féminin des noms et des adjectifs

un riche marchand • une riche marchande

Observe les 2 groupes nominaux. Quels mots ont changé dans le GN en rouge ? ....

Quelle modification remarques-tu ? ....

Quel mot n'a pas changé au féminin ? ....

Pourquoi ? ....

Je retiens

A COMMENT FORMER LE FÉMININ DES NOMS ET DES ADJECTIFS ?

- **Cas général** : ⌐féminin⌐ = ⌐masculin⌐ + ⌐e⌐
    un marchand / une marchande, grand / grande

- **Adjectifs masculins** terminés par **e** → **pas de changement** : *rapide, libre*

⚠ Seuls les noms désignant des êtres humains ou des animaux changent de genre.
    un client / une cliente, un ours / une ourse

B CAS PARTICULIERS

- **Doublement** de la **consonne finale** : *bon / bonne, chien / chienne*
- **Changement** de la **consonne finale** : *neuf / neuve, danseur / danseuse, public / publique*
- **Ajout** d'un **accent grave** ou d'**une lettre** : *berger / bergère, léger / légère, blanc / blanche*
- **Modification** de la **terminaison** : *directeur / directrice, nouveau / nouvelle*
- **Ajout** d'un **suffixe** : *prince / princesse*
- Certains noms **changent complètement** de forme au féminin : *un frère / une sœur*

Je m'entraîne

1 Mets ces GN au féminin, lorsque c'est possible.

- 🟨 **1.** un voisin : ....
  - • un marchand : ....
  - • un moment : ....
- 🟧 **2.** un fauteuil : ....
  - • un ami : ....
  - • un employé : ....
- 🟥 **3.** un avocat : ....
  - • un discours : ....
  - • un romancier : ....

2 Donne le féminin de ces adjectifs.

- 🟨 **1.** grand : .... • gentil : ....
  - • facile : .... • joli : ....
  - • banal : .... • bleu : ....
- 🟧 **2.** petit : .... • réel : ....
  - • curieux : .... • mignon : ....
  - • épais : .... • léger : ....
- 🟥 **3.** naïf : .... • coquet : ....
  - • ancien : .... • bref : ....
  - • inquiet : .... • franc : ....

3 Donne le féminin de ces noms.

■ **1.** comte : .... • directeur : .... • cousin : ....

■ **2.** auditeur : .... • âne : .... • lion : ....

■ **3.** duc : .... • facteur : .... • docteur : ....

4 Trouve le féminin de ces noms.

*Attention !
Le **radical** est complètement **différent**.*

■ **1.** frère : .... • roi : .... • homme : .... • garçon : ....

■ **2.** neveu : .... • cheval : .... • oncle : .... • taureau : ....

■ **3.** singe : .... • bouc : .... • mouton : .... • cerf : ....

5 Mets ces GN au féminin.

1.
un beau berger : ....
un citoyen européen : ....

2.
un loup cruel : ....
cet acteur généreux : ....

3.
un héros courageux : ....
un père attentif : ....

6 Mets ces GN au masculin.

■ **1.** une fille blonde : .... • une élève sage : ....

■ **2.** la lionne jalouse : .... • cette truie rose : ....

■ **3.** ma douce biche : .... • cette ancienne institutrice : ....

7 ■ Complète ces GN en conservant le même adjectif.

*Certains adjectifs ont une **autre forme** avant une **voyelle**.*

1. un **beau** garçon ➜ un .... enfant

2. un **vieux** vêtement ➜ un .... instrument

3. un amour **fou** ➜ un .... amour

8 *Je consolide mon orthographe*

Accorde au féminin les adjectifs et les GN entre parenthèses.

1. Julie, tu peux être (fier) .... de toi.

2. L'apparition (public) .... de la reine a été très applaudie.

3. Où est ta trousse (neuf) .... ?

4. Cette (vieux) .... veste est trop petite.

5. Quelle (beau) .... chevelure (roux) .... !

6. Caroline, ne sois pas (naïf) .... !

7. Cette nappe (blanc) .... est très (salissant) ....

8. Agathe est une (infirmier courageux) ....

9. Au zoo, nous avons vu une (tigre tacheté) .... et une (gentil petit lion) ....

Coche la couleur que tu as le mieux réussie.

■ Relève de nouveaux défis ! ➜ exercices 1, 2, 3, p. 24

■ Améliore tes performances ! ➜ exercices 4, 5, p. 24

■ Confirme ta réussite ! ➜ exercices 6, 7, 8, p. 24

Chacun son rythme

7 Le pluriel des noms et des adjectifs

J'observe

un fruit délicieux : des fruits délicieux • une île déserte : des îles désertes

Observe ces GN. Quelle lettre a-t-on ajoutée pour les mettre au pluriel ? ....

Quel mot n'a pas changé ? ....

Pourquoi ? ....

Je retiens

A COMMENT FORMER LE PLURIEL DES NOMS ET DES ADJECTIFS ?

- **Cas général :** pluriel = nom ou adjectif + s   *des fleurs, de grands arbres*
- **Noms** ou **adjectifs en –s, –x, –z** au singulier ➡ **pas de changement** au pluriel.
  souris, prix, heureux, nez

⚠ 2 noms singuliers = adjectif au **pluriel** : *un livre et un film intéressants*

1 nom féminin + 1 nom masculin = adjectif au **masculin pluriel**
  une jupe et un t-shirt noirs

B CAS PARTICULIERS

- **Noms** ou **adjectifs en –al** ➡ pluriel en **–aux** : *journal / journaux, original / originaux*
  Sauf *bals, carnavals, festivals, chacals, récitals, régals, banals, bancals, fatals, natals, navals, finals*
- **Noms** ou **adjectifs en –eu** et **–au** ➡ pluriel en **–x** : *cheveux, beaux*
  Sauf *pneus, bleus, landaus*
- **Quelques noms en –ou et –ail** ➡ pluriel en **–oux et –aux** :
  coraux, travaux, émaux, vitraux, soupiraux (singuliers en *-ail*)
  hiboux, choux, genoux, cailloux, joujoux, bijoux, poux (singuliers en *-ou*)
- **Cas particuliers** ➡ *œil / yeux, ciel / cieux*

Je m'entraîne

1 **Mets ces GN au pluriel.**

🟡 **1.** le long chemin : ....
- un film amusant : ....

🟧 **2.** mon incroyable aventure : ....
- cette route rapide : ....

🟥 **3.** le grand méchant loup : ....
- une petite souris : ....

2 Classe les noms et les adjectifs.

■ **1.** grands • prix • gentils • frais • enfants • souris • bois • voix • voies • pois

■ **2.** croix • châteaux • rois • peureux • tapis • amis • nez • fourmis • perdrix

■ **3.** poids • temps • champs • cheveux • heureux • radis • avis • puits • tissus

Pluriel en –s et en –x	Ne changent pas au pluriel
....	....
....	....
....	....
....	....

3 Accorde les adjectifs qualificatifs.

Lorsque le nom a la **même forme** au **singulier** et au **pluriel**, donne les deux adjectifs possibles.

■ **1.** enfants **SAGE** : ....

• pois **VERT** : ....

■ **2.** tissus **ROUGE** : ....

• temps **FORT** : ....

■ **3.** pomme et citron **MÛR** : ....

• puits **PROFOND** : ....

4 Donne le pluriel de ces noms ou adjectifs.

■ **1.** canal : .... • normal : ....

• banal : .... • rival : ....

■ **2.** régal : .... • original : ....

• chacal : .... • banal : ....

■ **3.** bal : .... • fatal : ....

• naval : .... • récital : ....

5 Complète par s ou x.

■ **1.** de beau..... chapeau.....

• des clou..... dangereu.....

■ **2.** des oiseau..... bleu..... • des pneu.....

• des chevau..... fou.....

■ **3.** des chalumeau..... • des landau.....

• des pieu..... • des hibou.....

6 Mets ces GN au pluriel.

■ **1.** ce long travail : ....

• le gros bocal : ....

■ **2.** le nouveau vitrail : ....

• un vaisseau spatial : ....

■ **3.** un œil bleu : ....

• un épouvantail : ....

7 Retrouve le singulier de ces noms ou adjectifs.

■ **1.** champs : .... • temps : .... • croix : .... • choux : ....

■ **2.** tissus : .... • héros : .... • bocaux : .... • généraux : ....

■ **3.** yeux : .... • chameaux : .... • cieux : .... • vitraux : ....

8 *Je consolide mon orthographe*

Réécris le texte en remplaçant les mots en gras par les mots entre parenthèses.

Sindbad vient d'accoster sur une île déserte : « J'aperçus **un globe** (deux boules), blanc, très haut et très gros. Je m'en approchai : il était doux au toucher. Soudain **un oiseau** (deux colombes) immense au **plumage** (plumes) blanc arriva et se posa dessus. C'était son **œuf** (œufs) qu'il venait couver. »

Coche la couleur que tu as le mieux réussie.

■ Relève de nouveaux défis ! ⟶ **exercices 9, p. 24 et 10, 11, p. 25**

■ Améliore tes performances ! ⟶ **exercices 12, 13, p. 25**

■ Confirme ta réussite ! ⟶ **exercices 14, 15, 16, p. 25**

Chacun son rythme

Le féminin des noms et des adjectifs

■ **1.** *Range-mots* **Souligne les mots qui sont obligatoirement féminins.**

lune • immense • rapide • employée • gentille • voile • âge • botte • livre • racine • douce • mince

Comment fais-tu pour reconnaître les noms féminins ? ....
....

Et les adjectifs féminins ? ....
....

■ **2.** *Quiz* **Coche les phrases vraies.**

☐ Tous les mots peuvent se mettre au féminin.

☐ Le *e* est souvent utilisé pour former le féminin.

☐ Tous les noms terminés par *e* sont féminins.

☐ Certains noms changent complètement au féminin.

■ **3.** *Chasse aux intrus* **Barre les noms masculins qui ne peuvent pas se mettre au féminin.**

chanteur • jardin • renard • boulanger • livre • directeur • roi • prince • jouet • chat • lion • bateau

■ **4.** *Pyramide* **Complète la pyramide avec des noms ou des adjectifs féminins qui correspondent aux définitions.**

1. Elle n'est pas habillée.

2. Elle brille la nuit.

3. Son mari a dévoré le Petit Chaperon rouge.

4. Elle n'est pas lente.

5. Elle joue un rôle.

6. Elle n'est pas méchante.

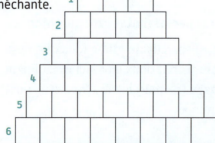

Entoure le mot qui peut aussi être un masculin.

■ **5.** *Méli-mélo* **Choisis la bonne terminaison pour compléter les noms ou les adjectifs féminins.**

-euse • -ère • -esse • -enne • -rice • -ce • -se

1. act................
2. dou................
3. lycé................
4. jalou................

5. berg................
6. dans................
7. ân................

■ **6.** *Mots mêlés* **Retrouve quatre noms et quatre adjectifs féminins dans la grille, puis associe-les pour former quatre GN.**

O	E	T	R	E	V
L	E	L	L	A	B
I	F	I	L	L	E
V	E	U	E	L	B
E	N	U	E	J	G
E	N	I	E	L	P

....
....

■ **7.** *Méli-mélo* **Souligne les noms féminins.**

atmosphère • pétale • musée • haltère • oasis • lycée • jument • guenon • lièvre • astérisque

■ **8.** *Charade*

On joue avec **mon premier**. **Mon deuxième** signifie achevé. **Mon troisième** est un terme familier pour désigner un cheveu. **Mon tout** est un adjectif masculin que tu devras mettre au féminin.

....

Au féminin : ....

Le pluriel des noms et des adjectifs

■ **9.** *Méli-mélo* **Souligne les mots qui sont obligatoirement au pluriel.**

croix • voix • chevaux • travaux • noix • feux • pois • rois • perdrix • mois • chapeaux • choux

Comment les reconnais-tu ? ....
....

10. Quiz Coche les phrases vraies.

☐ Le **s** est la lettre la plus utilisée pour former le pluriel.

☐ Les noms ou adjectifs en **-al** ont tous un pluriel en **-aux**.

☐ Les noms ou adjectifs en **-ou** ont presque tous un pluriel en **-oux**.

☐ Certains noms ou adjectifs ne changent pas au pluriel.

11. Jeu du pendu Complète les mots (1 lettre par tiret), puis mets-les au pluriel.

1. Mon É__ __ __ __ __ __ __ est très utile par cette chaleur.

   PLURIEL ....

2. Le N__ __ __ __ __ __   V__ __ __ __ __ __ de l'église est magnifique.

   PLURIEL ....

3. Le C__ __ __ __ __ __ __ __ aura lieu en février.

   PLURIEL ....

12. Pyramide Complète la pyramide avec des noms ou des adjectifs en -ou au singulier, à l'aide des définitions. Puis mets-les au pluriel.

1. Contraire de *dur*.
2. Se plante avec un marteau.
3. Il hulule la nuit.
4. Il permet de fermer les portes.
5. Utile au Petit Poucet.

Pluriel : ....

Pluriel : ....

Pluriel : ....

Pluriel : ....

Pluriel : ....

13. Lettres mêlées Remets les lettres dans l'ordre pour retrouver un nom singulier, puis mets-le au pluriel.

1. En mai se déroule le LEFASITV .... de Cannes.

   PLURIEL ....

2. Où trouve-t-on le LIOCAR .... ?

   PLURIEL ....

14. Charade

Mon premier est le contraire de *sur*. **Mon deuxième** est une lettre grecque utilisée en mathématiques. Le train se déplace sur **mon troisième** et **mon tout** est une petite fenêtre qui éclaire les pièces en sous-sol.
Quand tu auras trouvé mon tout, tu le mettras au pluriel.

....

Au pluriel : ....

15. Mot caché Remplis cette grille à l'aide des définitions, tu trouveras dans les cases colorées un nom que tu mettras au pluriel.

1. Utile pour ne pas se noyer.
2. Plat qui, dit-on, fait grandir.
3. Pas très intelligent.
4. Brille la nuit.
5. Synonyme de *désir*.
6. Animal qui griffe parfois.
7. Tire le traîneau du père Noël.
8. Saison la plus chaude.
9. Contraire de *bien*.
10. Maison des oiseaux.
11. Céréale qui donne de la farine.

Réponse : ....

Au pluriel : ....

16. Devinette Barre tous les noms et tous les adjectifs au pluriel pour trouver une devinette que tu devras résoudre.

légumebijouxblancchienscommejoujouxneige
régalsclousvertyeuxchampscommetrouspré
châteauxbarbubijouxcommeanimauxchèvre

Devinette : Je suis un ....

Qui suis-je ? ....

Je sais accorder les mots à l'intérieur du groupe nominal

J'observe

le beau bouquet de fleurs

Encadre le nom noyau et souligne le déterminant. Sont-ils au singulier ou au pluriel ? ....

Relève les deux expansions. .... **Laquelle est au pluriel ?** ....

Peux-tu expliquer pourquoi ? ....

Je retiens

A COMMENT S'ACCORDE LE DÉTERMINANT ?

- Les déterminants s'accordent **en genre et en nombre** avec le nom qu'ils **déterminent**.
- Ils ont en général des **formes différentes** selon **le genre et le nombre** : *la, les ; mon, ma*
- Ces formes peuvent aussi varier si le nom commence par une **voyelle**.

   ce livre, cet endroit ; mon livre (masculin), *mon écharpe* (féminin)

B COMMENT S'ACCORDE L'ADJECTIF ÉPITHÈTE ?

- L'épithète s'accorde **en genre et en nombre** avec le ou les noms auxquels il **se rapporte**.

   une robe verte ; un pull et un pantalon neufs ;

   un pull et un pantalon neuf (ici, seul le pantalon est neuf)

Remarque : si les deux noms sont de **genre différent**, l'adjectif se met au **masculin pluriel**.

C COMMENT S'ACCORDE LE COMPLÉMENT DU NOM ?

- Le complément du nom **ne s'accorde pas** avec le nom qu'il complète, mais **selon le sens**.

   un bouquet de fleurs (on ne peut pas faire un bouquet avec une seule fleur)

   des pots de peinture (c'est une quantité indéfinie de peinture)

- S'il est **suivi d'un adjectif**, l'accord se fait aussi **selon le sens**.

   un livre de contes ancien (le livre est ancien)

   un livre de contes anciens (les contes sont anciens)

Je m'entraîne

1 **Accorde le déterminant proposé au masculin singulier avec les noms. Attention, il y a parfois deux réponses possibles.**

1. **LE** .... livre • .... élève • .... souris • .... chant • .... champs • .... enfant

2. **MON** .... sac • .... frères • .... choix • .... amie • .... équerre

3. **CE** .... nez • .... endroit • .... écharpe • .... hérisson

2 Accorde les adjectifs épithètes dans ces GN.

■ **1.** une élève (sérieux) .... • une (bon) .... nouvelle
 • des films (intéressant) ....

■ **2.** une voisine (gentil) .... • ma robe (blanc) .... • des routes (sinueux) ....

■ **3.** des châteaux (féodal) .... • des histoires (banal) .... • une chevelure (roux) ....

3 Accorde les compléments du nom dans ces GN au singulier.

■ **1.** une pomme (de terre) .... • un moulin (à vent) ....

■ **2.** un groupe (d'enfant) .... • un chemin (de fer) ....

■ **3.** un paquet (de bonbon) .... • une foule (de spectateur) ....

4 Barre les adjectifs mal accordés.

■ **1.** des tablettes de chocolat noires / noir • Des bruits de portes mal fermées / fermés

■ **2.** des jeux de cartes mélangés / mélangées • Des tasses à café rose / roses

■ **3.** des pots de confiture d'oranges amers / amères / amère • Des étagères de livres surchargées / surchargés

5 Accorde les compléments du nom dans ces GN au pluriel.

■ **1.** des paires (de gant) ....
 • des jeux (de carte) ....

■ **2.** des touffes (de cheveu) ....
 • des vestes (de sport) ....

■ **3.** des sacs (de ciment) ....
 • des tranches (de pain) ....

6 Accorde les mots entre parenthèses.

■ **1.** une chemise et une cravate (assorti) ....
 • une (petit) .... paire de (ciseau) ....

■ **2.** ces (beau) .... (jet) .... d'(eau) ....
 • une (long) .... série de (panneau) ....
 ....

■ **3.** ta (nouveau) .... coupe (de cheveu) ....
 .... • un pull et des chaussettes (plein) ....
 de (trou) ....

7 Mets ces GN au pluriel.

■ **1.** ce grand garçon : .... • mon film préféré : ....

■ **2.** une histoire étonnante : .... • un heureux souvenir : ....

■ **3.** un bel endroit : .... • un petit oiseau bleu : ....

Lorsque l'adjectif est placé avant le nom, l'article *des* s'abrège en *de* ou *d'*.

8 *Je consolide mon orthographe*

Corrige les accords dans les GN et justifie ta correction.

■ **1.** 2 FAUTES un troupeau de vache laitière : ....
....

■ **2.** 3 FAUTES cette énorme camion chargé de fruit mûr : ....
....
....

■ **3.** 4 FAUTES des tenue de travail adapté aux température élevés : ....
....
....

J'observe

ils lisent • partir • parlé • être • nous entendons • tu vas • nous sommes venus • avoir

Classe les verbes.

Verbes conjugués : ....

Verbes non conjugués : ....

Je retiens

A QU'EXPRIMENT LES VERBES ?

• La plupart des verbes expriment des **actions** : *parler, rire, réfléchir, travailler…*

• Certains verbes servent à apporter des **renseignements sur le sujet** :
nom, métier, qualités, défauts… On les appelle les **verbes d'état** : *être, paraître, s'appeler…*

Verbe d'action → *Ils regardent un film.*   **Verbe d'état** → *Ce film était passionnant.*

B QUELLES FORMES PEUVENT PRENDRE LES VERBES ?

1. Les verbes conjugués

• Leurs **terminaisons** varient en **personne**, en **temps** et en **mode**.

il chante (3e pers. sing., présent, indicatif)

nous chanterions (1re pers. plur., présent, conditionnel)

chantez (2e pers. plur., présent, impératif)

2. Les verbes non conjugués

• Le **participe** et l'**infinitif** ne se conjuguent pas, mais ont **deux temps** : **présent** et **passé**.

Infinitif → *chanter / avoir chanté*   **Participe** → *chantant / ayant chanté / chanté* (pour les temps composés)

• Le participe s'utilise comme un **adjectif** ou sert à former les **temps composés**.

*Le Petit Poucet est **étonnant**, il **a aidé** ses frères.*
            (adjectif)   (temps composé)

• L'infinitif s'utilise très souvent comme un **nom**.

*J'aime **lire**.* (= J'aime la lecture)

Je m'entraîne

1 Souligne en bleu les verbes conjugués et en rouge les verbes non conjugués.

🟨 **1.** laver • racontes • prenais • apportons • viens • chantant • tourneras • vendre

🟧 **2.** finir • avoir vu • prendront • voyais • être parti • as fini • étant sorti

2 Barre les mots qui ne peuvent pas être des verbes.

🟨 **1.** jouer • jouet • chanter • beau • rentrer • voir • vivre • savoir • cendre

🟧 **2.** rater • ruse • ruser • répondre • réponse • verger • partir • départ

3 ■ Souligne en vert les mots qui sont toujours des formes verbales, en bleu ceux qui peuvent aussi être des noms et barre ceux qui ne peuvent pas être des formes verbales.

revoir • pouvoir • soir • être • dîner • suivre • allée • vallée • partie • arrivée • chantée

4 Souligne les formes verbales conjuguées, puis coche la bonne case.

	VERBE D'ACTION	VERBE D'ÉTAT
■ **1.** Elle est partie lundi.	☐	☐
■ **2.** Elle semblait heureuse.	☐	☐
■ **3.** Tu parais fatigué.	☐	☐
■ **4.** Ce journal paraît demain.	☐	☐

Les verbes **d'état** peuvent toujours être remplacés par *être*.

5 Forme les participes présents et passés des verbes.

■ **1.** aimer : .... • bondir : ....
• voir : ....

■ **2.** aller : .... • ouvrir : ....
• lire : ....

■ **3.** dire : .... • peindre : ....
• naître : ....

6 Encadre les participes qui forment un temps composé et souligne ceux qui sont utilisés comme adjectifs.

■ **1.** Il a ri, amusé par le film. • Fatigué, il se couche très tôt. • Ils ont bien travaillé.

■ **2.** Il est rentré enchanté de son voyage. • Passionné d'archéologie, il est parti en Grèce.

■ **3.** Ils sont entrés après avoir sonné. • Ce carrosse est doré. • Armé d'un canif, il a sculpté le bois.

7 *J'applique pour lire*

L'*Iliade* et l'*Odyssée* sont deux épopées attribuées à Homère. Dans l'Antiquité, les enfants apprenaient à lire sur ces textes. Le grand conquérant Alexandre voulait imiter les héros homériques. Aujourd'hui, on étudie encore ces œuvres dans les écoles.

a) Relève quatre verbes conjugués : ....

b) Relève deux infinitifs et un participe passé : ....

c) Relève un verbe d'état : ....

8 *J'applique pour écrire*

Les héros préférés d'Alexandre étaient les héros homériques. À ton tour, explique qui est ton héros préféré et justifie ton choix. Tu peux choisir un personnage historique ou imaginaire (personnage de livre, de film ou de BD).

Consigne
• 5 lignes
• 2 verbes d'état
• 3 verbes d'action

Coche la couleur que tu as le mieux réussie.
■ Relève de nouveaux défis ! ⟶ exercices 1, 2, 3, p. 32
■ Améliore tes performances ! ⟶ exercices 4, 5, 6, p.32
■ Confirme ta réussite ! ⟶ exercices 7, 8, p. 32

Chacun son rythme

10 L'analyse d'un verbe conjugué

vous chantez • il chante • nous chantions • je chantais • chante

Recopie la partie du verbe qui ne change pas dans les formes ci-dessus : ....

Comment s'appelle la partie qui change ? ....

Je retiens

A DE QUOI UN VERBE EST-IL CONSTITUÉ ?

• Un verbe est constitué du **radical** (partie **fixe**) et de la **terminaison** (**variable**).

*je chant**e**, nous chant**ons***

radical + **terminaison**

B COMMENT RECONNAÎT-ON LE GROUPE ?

• **1er groupe :** infinitif en **–er**, sauf *aller* : *chant**er**, rêv**er***

• **2e groupe :** infinitif en **–ir** et participe présent en **–issant** : *fin**ir**, fin**issant** ; bond**ir**, bond**issant***

• **3e groupe :** tous les autres verbes : *aller, partir, voir, prendre*

C COMMENT RECONNAÎT-ON LE TEMPS ?

• Pour les **temps simples** qui comportent **un seul mot**, on isole le radical et on observe la **terminaison** (mode, temps, personne).

*je chant**e*** (terminaison de l'indicatif présent à la 1re pers. du sing.)

*il chant**ait*** (terminaison de l'indicatif l'imparfait à la 3e pers. du sing.)

• Pour les **temps composés** (auxiliaire *avoir* ou *être* + **participe passé**), on observe la **terminaison de l'auxiliaire.**

*j'**ai** chanté* (auxiliaire au présent = passé composé)

D COMMENT RECONNAÎT-ON LA PERSONNE ?

• On repère les **pronoms personnels sujets** *(je, tu, il…)* ou le **GN sujet.**

*tu chant**ais*** (2e pers. du sing.)   *les enfants chant**ent*** (3e pers. du plur.)

• On observe **les terminaisons.**

*–**ais*** (2e pers. du sing.)   *–**ent*** (3e pers. du plur.)

Je m'entraîne

1 **Souligne la terminaison des verbes.**

■ **1.** trouver • servir • cultivons • regardent • blanchir • riez • veniez • allais • chantes

■ **2.** revenir • finir • finissons • ramassiez • venir • viennent • plaçai • reçus • étions

■ **3.** vouloir • veux • recevoir • reçu • fais • ferons • aller • irai • sont • avaient • plia

2 Encadre les radicaux dans les formes verbales suivantes.

🟨 **1.** je finis • nous finissons • vous voyiez

🟧 **2.** il doit • nous devons • ils essaient • tu ris

🟥 **3.** je viens • nous venons • il ira • vous allez
• je vais • je faisais • elles feront

3 Souligne en vert les verbes du 1er groupe, en rouge ceux du 2e et en bleu ceux du 3e.

🟨 **1.** manger • guérir • sentir • appeler • courir

🟧 **2.** poursuivre • partir • écouter • surgir • bondir

🟥 **3.** avaler • aller • vouloir • goûter • dire • finir
• franchir • servir • mentir • rôtir • savoir

4 Souligne en bleu les temps simples et en rouge les temps composés.

🟨 **1.** il joue • nous avons travaillé • tu riais • vous irez • ils avaient appris • viens • ils auront pris

🟧 **2.** tu venais • partir • travaillant • ils auront vu • nous étions partis • j'entendis • ils sont nés

🟥 **3.** avoir vu • il est allé • ayant voulu • tu avais cru • je saurai • tu avais • prenant • il fut allé

5 Souligne dans chaque liste les verbes appartenant au même temps composé.

Observe bien le temps de **l'auxiliaire** !

🟨 **1.** j'ai pris • il avait entendu • nous aurons vu
• ils ont travaillé • nous avons fait

🟧 **2.** tu as fait • il avait entendu • nous aurons écrit
• tu avais su • vous étiez partis

🟥 **3.** il eut pris • tu as chanté • nous fûmes partis
• il aura achevé • ils eurent joué

6 Indique la personne des verbes suivants.

🟨 **1.** je cours : .... • tu regardes : ....
.... • nous voyons : ....
• les enfants écoutent : ....

🟧 **2.** Julie sait : .... • allons : ....
.... • ils viennent : ....
• tu sors : ....

🟥 **3.** regarde : .... • venez : ....
.... • Paul pourrait : ....
• cours : ....

7 Complète le tableau pour chaque forme verbale.

Formes verbales	Groupe	Radical	Terminaison	Personne
🟨 vous portez				
🟧 ils finiraient				
🟥 partons				

8 *J'applique pour lire*

L'*Iliade et l'Odyssée* sont des œuvres très anciennes. On pense qu'Homère en est l'auteur. On a écrit beaucoup de légendes à son sujet : il aurait été un aède aveugle. Les aèdes parcouraient la Grèce en racontant des histoires.

a) Recopie la forme soulignée en isolant le radical et la terminaison : ....

b) Relève deux verbes à un temps simple : .... et deux verbes à un temps composé : ....

c) Trouve dans le texte deux verbes du 1er groupe : ....
....

9 *J'applique pour écrire*

Les aèdes allaient de ville en ville pour raconter des histoires. Quand tu étais plus jeune, quelle histoire t'a le plus marqué ? Raconte pourquoi tu l'appréciais particulièrement.

Consigne
• 5 phrases
• 3 verbes à un temps simple
• 2 verbes à un temps composé

Chacun son rythme

Coche la couleur que tu as le mieux réussie.
🟨 Relève de nouveaux défis ! ➔ exercices 9, 10, 11, p. 33
🟧 Améliore tes performances ! ➔ exercices 12, 13, 14, p. 33
🟥 Confirme ta réussite ! ➔ exercices 15, 16, p. 33

Chacun son rythme

Les verbes

1. Cache-cache Souligne les verbes.

oiseau • chanter • avoir • être • travail • entendre • loin • riche • enfant • lire • livre • facile • faciliter • voir • vision • devenir • rêver

Comment as-tu reconnu les verbes ?

....

2. Range-mots Classe les formes verbales.

manger • buvons • pensé • attrapes • être • ayant l'air • rangeait • entendu • sourire • ris • s'appelle • sembla • devenir • arrivé • partir • retenu

Verbes d'action	Verbes d'état

Ensuite, souligne en rouge les participes, en bleu les infinitifs et en vert les verbes conjugués.

Comment as-tu reconnu les infinitifs ?

....

3. Quiz Coche la ou les bonnes réponses.

Sourire est :

☐ toujours un verbe.

☐ un verbe ou un adjectif.

☐ toujours un nom.

☐ un verbe ou un nom.

4. Lettres mêlées Remets les lettres en ordre pour retrouver deux couples de verbes exprimant des sentiments contraires.

1. ORRDAE : ....

2. EEETTDSR : ....

3. ARREDICN : ....

4. RESEPRE : ....

5. Chasse aux intrus Dans chaque liste, barre l'intrus et justifie ton choix.

1. il chante • chanté • je voulais • tu viendras : ....

....

2. lire • venu • prendre • je chantais • fait : ....

....

....

3. prendre • courir • chanter • être : ....

....

....

6. Devinette Barre tous les verbes à l'infinitif et au participe présent pour trouver l'énoncé d'une devinette que tu devras résoudre.

quelapportantanimalvenirenétantsixpartant
lettresasseoircomportearrivercinqlisantvoyelles
retirerdifférentesconjuguantetsachantune
apprendreconsonne ?

Devinette : ....

....

Réponse : ....

7. Pyramide Complète cette pyramide à l'aide de verbes de sens contraire.

1. pleurer

2. pousser

3. ignorer

4. blanchir

5. rapprocher

6. perdre

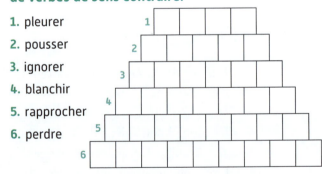

8. Charade

Mon premier est un rongeur. **Mon deuxième** coule dans les veines. On fait de la farine avec **mon troisième**. **Mon tout** est un verbe qui réunit.

....

L'analyse d'un verbe conjugué

9. *Découpage* **Isole par un trait les radicaux et les terminaisons des verbes suivants.**

tu chantais • travailler • nous buvons • ils entendent • vous savez • tu sais • accepté

10. *Range-verbes* **Classe les verbes suivants dans la bonne colonne.**

dire • chanter • poursuivre • finir • choisir • unir • cueillir • sentir • voir • rire • coudre • ramasser • aplatir

1er groupe	2e groupe	3e groupe

11. *Quiz* **Coche la ou les bonnes propositions.**

☐ Il existe 3 groupes de verbes.

☐ Tous les verbes en *ir* sont du 2e groupe.

☐ Il y a deux catégories de temps : simples et composés.

☐ Les temps composés sont constitués de l'auxiliaire *avoir* et d'un participe passé.

12. *Méli-mélo* **Relie le pronom personnel et le radical du verbe à la bonne terminaison.**

je fin •   • t

nous plaç •   • ent

tu joue •   • is

vous cour •   • ons

elle par •   • s

ils peuv •   • ez

13. *Jeu du pendu* **Retrouve les verbes conjugués (1 lettre par tiret).**

1. Ne vous É __ __ __ __ __ Z pas du bord !

2. Nous A __ __ __ S P __ __ __ __ __ __ U huit kilomètres en une heure !

3. Ils R __ __ __ __ __ __ T les félicitations du jury.

4. Tu ne M'A __ __ __ S pas R __ __ __ __ __ U ?

14. *Message secret* **Dans ce message secret, retrouve 4 verbes conjugués à des temps simples ou composés, souligne-les puis utilise-les pour compléter les phrases.**

Pour les temps composés, les **auxiliaires** sont séparés des **participes passés**.

wdrtpartixhiavonsjshuitestdetrarejoindra hujrécupérezqahirecueilli

L'agent OX .... ce matin. Il vous .... vite. Nous .... déjà .... tous les indices nécessaires, ... les statuettes !

15. *Chasse aux intrus* **Barre l'intrus dans chaque liste, puis justifie ton choix.**

1. il chante • nous jouons • vous vouliez • venir • tu pars : ....
....

2. nous parlons • vous emportez • allez • j'ai fini • chante : ....
....

3. avoir fini • j'avais cru • ayant apporté • il partit • nous avons entendu : ....
....

16. *Verbes mêlés* **Retrouve dans la grille cinq participes passés qui te permettront de compléter les formes verbales.**

1. Elle n'a pas .... quoi dire.

2. Elle a .... une mauvaise route.

3. Paul est .... me dire bonjour.

4. Elle a .... son téléphone.

5. Julie est .... en Angleterre.

P	E	R	D	U
R	A	V	T	H
I	V	S	R	J
S	G	Z	S	U
A	L	L	E	E

11 Le présent de l'indicatif et de l'impératif (1ᵉʳ groupe)

J'observe

je joue, tu joues, il joue, nous jouons, vous jouez, ils jouent • jouons

Quelle voyelle est présente dans cinq terminaisons ? ....

À quelle personne disparaît-elle ? ....

Quel élément n'est pas présent dans la forme verbale en rouge ? ....

Je retiens

A LES TERMINAISONS DU PRÉSENT DES VERBES DU 1ᵉʳ GROUPE

• À l'**indicatif**, les terminaisons sont : **-e, -es, -e, -ons, -ez, -ent**

je chant**e**, tu dans**es**…

• À l'**impératif**, les terminaisons sont : **-e, -ons, -ez**

jou**e**, jou**ons**, jou**ez**

Remarque : à la 2ᵉ personne du singulier, on ajoute un **s** si le verbe est suivi de **en** ou **y**, afin de faciliter la prononciation : parle, parles-en

B QUAND LE RADICAL DU VERBE CHANGE-T-IL ?

Radical	Modification	Exemples
• finit par un **c**	**c** → **ç** à la 1ʳᵉ personne du pluriel	je pla**c**e, nous pla**ç**ons
• finit par un **g**	**g** → **ge** à la 1ʳᵉ personne du pluriel	je man**g**e, nous man**ge**ons
• finit par un **y**	**y** → **i** sauf à la 1ʳᵉ et 2ᵉ personne du pluriel (pas obligatoire pour les verbes en -ayer)	je netto**i**e, nous netto**y**ons je pa**i**e (ou je pa**y**e)
• **é** ou **e** dans la **dernière syllabe**	**é** ou **e** → **è** sauf à la 1ʳᵉ et 2ᵉ personne du pluriel	je s**è**me, nous s**e**mons j'esp**è**re, nous esp**é**rons

Autres exceptions : les verbes comme jeter (sauf acheter) et appeler (sauf geler).

je jette, nous jetons   j'appelle, nous appelons   mais   j'achète, il gèle

▶ Tableaux de conjugaison complets, p. 126.

Je m'entraîne

1 Complète par le ou les pronoms personnels corrects.

1. _Tu_ penses • _Nous_ jouons • _vous_ pliez • _Ils/elles_ apprécient
2. _ils/elles_ essaient • _tu_ sèmes • _Nous_ plaçons • _Nous_ mangeons
3. _je il/elles_ regarde • _vous_ réglez • _Ils/elles_ écoutent • _je il/elle_ paye

2 Choisis la ou les bonnes réponses.

1. ils chant e / es / **ent** • tu rêv e / ent / **es**
• je pleur es / **e** / ent • elle écout ent / **e** / es

2. elle jou **e** / es / s • elle essa ies / **ie** / **ye** / ~~yent~~
• tu pli s / e / **es** • elles pla ce / **çe** / cent / **çent**

3. elle les aim **e** / ent / es • elle rappel **e** / es / **le** / lent
• tu netto **ie** / ies / ye / yes • nous rang ons / eont / **eons**

3 Conjugue ces verbes au présent de l'impératif.

1. danser : ....
• plier : ....

2. créer : ....
• placer : ....

3. lever : ....
• essuyer : ....

4 Conjugue aux personnes du présent de l'indicatif demandées.

remuer	ranger	envoyer
je *remue*	il, elle *range*	tu ~~essoie~~ *envoie*
tu *remues*	nous *rangeons*	nous *envoyons*
ils, elles ~~remuient~~ *remuent*	vous ~~scribble~~ *rangez*	ils, elles *envoient*

*Quand les pronoms personnels compléments se placent **après** le verbe, on ajoute un **trait d'union**.*

5 Transpose à l'impératif ces présents de l'indicatif.

1. nous chantons : .... • vous regardez : .... • nous les écoutons : ....
2. tu la regardes : .... • tu les appelles : .... • vous nous parlez : ....
3. tu m'étonnes : .... • tu y rentres : .... • tu y penses : ....

*Attention aux **accents** et aux **consonnes** l et t !*

6 Conjugue au présent de l'indicatif, à la personne indiquée.

1. créer : je .... • exagérer : vous .... • régler : nous ....
2. parsemer : tu .... • céder : tu .... • lever : elle ....
3. révéler : je .... • étinceler : elle .... • projeter : je ....

*Attention, d'**autres mots** que le verbe et son sujet **peuvent changer**.*

7 Mets ces phrases à la même personne du singulier ou du pluriel.

1. Tu marques la date. ....
2. Pliez votre serviette. ....
3. Nous renouvelons notre passeport. ....

Je consolide mon orthographe

8 Réécris ce texte en mettant les verbes au présent de l'indicatif.

Au début de l'*Iliade*, Agamemnon a provoqué la colère d'Achille qui s'est retiré dans sa tente et a refusé de continuer le combat. Thétis, la mère d'Achille, a demandé à Zeus de punir Agamemnon. Le dieu lui a envoyé un rêve trompeur qui l'a poussé à livrer bataille.

9 Mets les verbes soulignés au présent de l'impératif (à la même personne).

Zeus envoie un songe à Agamemnon : « Tu armeras tes guerriers, tu les emmèneras au pied des remparts, vous attaquerez la ville et remporterez la victoire. Les dieux vous protègent. »

Coche la couleur que tu as le mieux réussie.
Relève de nouveaux défis ! ⟶ exercices 1, 2, p. 38
Améliore tes performances ! ⟶ exercices 3, 4, p. 38
Confirme ta réussite ! ⟶ exercices 5, 6, p. 38

Chacun son rythme

12 Le présent de l'indicatif et de l'impératif (2ᵉ et 3ᵉ groupes)

J'observe

je grandis, tu viens, je reçois

Transpose ces verbes au pluriel : ....

As-tu conservé le même radical ? ....

Je retiens

A LES TERMINAISONS DU PRÉSENT DE L'INDICATIF (2ᴱ ET 3ᴱ GROUPES)

- Pour la **majorité des verbes** ➡ **–s**, **–s**, **–t**, **–ons**, **–ez**, **–ent** : *je vis, nous vivons*
- Pour les verbes du **2ᵉ groupe** ➡ le **radical** est **en –iss au pluriel** : *je grandis, nous grandissons*
- Certains verbes du **3ᵉ groupe** ont **deux ou trois formes de radical**.
  je viens, nous venons, ils viennent ; je vois, nous voyons ; je vais, nous allons

B CAS PARTICULIERS

- *Pouvoir, vouloir* ➡ **–x** à la 1ʳᵉ et à la 2ᵉ personne du singulier : *je peux, tu veux*
- *Dire* et *faire* ➡ **–tes** à la 2ᵉ personne du pluriel : *vous dites, vous faites*
- *Offrir, ouvrir, cueillir* ➡ comme les verbes du **1ᵉʳ groupe** : *j'offre, nous ouvrons, tu cueilles*
- Verbes en *–dre* ➡ **–ds**, **–ds**, **–d** au singulier (sauf verbes en *–indre* et *–soudre*) : *je prends, il vend ≠ je peins*
- *Être* ➡ *je suis, tu es, il est, nous sommes, vous êtes, ils sont*
- *Avoir* ➡ *j'ai, tu as, il a, nous avons, vous avez, ils ont*

▶ Tableaux de conjugaison complets, p. 126 à 128.

C LES TERMINAISONS DU PRÉSENT DE L'IMPÉRATIF (2ᵉ ET 3ᵉ GROUPES)

- Pour la **majorité des verbes**, les terminaisons sont les mêmes qu'à l'**indicatif** : *–s*, *–ons*, *–ez*
  prends, prenons, prenez
- **Cas particuliers :**
  – les verbes **au présent en –e** et *aller* ➡ **pas de s au singulier** : *ouvre ; va*
  – les verbes *être*, *avoir* et *savoir* : *sois, soyons, soyez / aie, ayons, ayez / sache, sachons, sachez*

Je m'entraîne

1 Complète ces verbes au présent de l'indicatif.

🟨 **1.** je par............ • tu vien............ • il tien............ • nous recev............ • ils disparaiss............

🟧 **2.** je veu............ • tu prend............ • nous fai............ • vous entend............ • ils pren............

🟥 **3.** je vai............ • tu croi............ • il veu............ • vous di............ • vous fai............

2 Conjugue ces verbes au présent de l'impératif.

■ **1.** bondir : .... • voir : ....

■ **2.** partir : .... • venir : ....

■ **3.** aller : .... • mettre : ....

3 Conjugue au présent de l'indicatif, aux personnes demandées.

saisir	courir	venir
je	tu	je ....
il, elle	il, elle	nous ....
nous	ils, elles	ils, elles ....

4 Mets ces formes au singulier en conservant la même personne.

> Les verbes en **-aître** ont un accent **circonflexe** si le **i** est suivi d'un **t**.

■ **1.** nous disparaissons : .... • ils veulent : .... • ils font : ....

■ **2.** nous prenons : .... • vous mettez : .... • ils craignent : ....

■ **3.** nous peignons : .... • ils paraissent : .... • vous mourez : ....

5 Transpose à l'impératif ces présents de l'indicatif.

■ **1.** tu bondis : .... • nous sortons : .... • vous vendez : ....

■ **2.** tu la suis : .... • tu vas : .... • vous êtes : ....

■ **3.** tu les ouvres : .... • tu les as : .... • tu en cueilles : ....

6 Ajoute la bonne terminaison.

■ **1.** je pli......... • tu vi......... • il salu......... • elle jou......... • tu éternu.........

■ **2.** il bâti......... • il rempli......... • tu écri......... • je conclu......... • tu distribu.........

■ **3.** tu exclu......... • tu remu......... • il éli......... • tu li......... (un livre) • tu reli......... (deux points)

> Si tu hésites, cherche l'**infinitif** ! *j'éternue* (**éternuer**), *je conclus* (**conclure**)

7 *J'applique pour lire*

La guerre fait rage, Pâris apparaît devant Ménélas, le mari d'Hélène. [Celui-ci le reconnaît, se réjouit et se promet de le punir.] Pâris, d'abord effrayé, se ressaisit et dit : « Battez-vous contre moi ! » Mais très vite les Grecs et les Troyens font le serment de ne plus se battre.

a) Souligne les verbes conjugués au présent de l'indicatif : 2e groupe en rouge, 3e groupe en bleu.

b) Relève un impératif, puis transpose-le au singulier : ....

c) Réécris la phrase entre crochets en remplaçant *celui-ci* par *ceux-ci* : ....

....

8 *J'applique pour écrire*

Raconte au présent un combat spectaculaire que tu as vu dans un film ou dont tu as lu le récit dans un livre.

Consigne
• 5 lignes
• 5 verbes du 2e et 3e groupes

Chacun son rythme

Coche la couleur que tu as le mieux réussie.

■ Relève de nouveaux défis ! ⟶ exercices 7, p. 38 et 8, 9, p. 39

■ Améliore tes performances ! ⟶ exercices 10, 11, p. 39

■ Confirme ta réussite ! ⟶ exercices 12, 13, 14, p. 39

Chacun son rythme

Le présent de l'indicatif et de l'impératif (1er groupe)

1. *Quiz* **Coche les phrases vraies.**

Au présent de l'indicatif et de l'impératif, les verbes du 1er groupe ont des terminaisons :

☐ commençant toutes par *e*.

☐ commençant toutes par *e* sauf une.

☐ identiques à toutes les personnes.

☐ identiques sauf à la 2e personne du singulier.

2. *Chasse aux intrus* **Barre les formes verbales qui ne sont pas des impératifs.**

rentre • appelons • chantes • dansez • espèrent • espérons • rêvez • étonnent • résume • changes • mélangez • commence • regardent

3. *Jeu du pendu* **Retrouve les verbes de ces phrases (1 lettre par tiret).**

Indice : ils sont du 1er groupe et conjugués au présent !

1. R __ __ __ __ ta chambre avant de partir.

2. Vous R __ __ __ __ __ __ d'être surpris par la pluie.

3. Tu S __ __ __ __ __ __ __ inquiet !

4. J' E __ __ __ __ E la vaisselle.

5. Nous D __ __ __ __ __ __ __ S la table.

6. A __ __ __ __ __ Z vos parents.

4. *Pyramide* **Complète la pyramide par des verbes du 1er groupe synonymes des verbes donnés. Conjugue-les à la 3e personne du singulier du présent.**

1. attache
2. s'amuse
3. met en ordre
4. abandonne
5. rend propre
6. rend meilleur
7. fait très peur
8. va avec quelqu'un

5. *Charade*

Mon premier est un aliment très consommé en Asie.

Mon deuxième est l'ancien nom de la France.

Mon troisième est la terminaison de la 1re personne du pluriel de l'impératif de **mon tout** qui n'aime pas les gens tristes.

....

6. *Lettres mêlées* **Remets en ordre les lettres de ces infinitifs, puis conjugue-les au présent de l'indicatif ou de l'impératif pour compléter les phrases.**

1. R S E P E R E ➡ ....

Nous .... vous revoir bientôt.

2. G R R A E R E D ➡ ....

.... toi dans le miroir.

3. N E G A M E D E R ➡ ....

Nous .... bientôt en Chine.

4. R N O C N E A N ➡ ....

Nous vous .... que nous sommes arrivés les premiers.

5. E P A L P R E ➡ ....

Elle m' .... tous les jours.

6. R A Y B E O ➡ ....

Ce tout petit chien .... très fort.

7. R J P E R T E O ➡ ....

Elle .... de faire un grand voyage cet été.

Le présent de l'indicatif et de l'impératif (2e et 3e groupes)

7. *Quiz* **Coche les phrases vraies.**

Au présent de l'indicatif et de l'impératif, les verbes du 3e groupe :

☐ ont presque tous les mêmes terminaisons.

☐ conservent toujours le même radical.

☐ ont parfois des terminaisons en *-e*.

☐ n'ont jamais de terminaisons en *-e*.

☐ ont toujours une terminaison en *-t* à la 3e personne du singulier.

8. Pyramide Complète cette pyramide
à l'aide de verbes du 3ᵉ groupe à l'impératif,
ayant le sens contraire des verbes donnés.

1. pleure
2. reste
3. ferme
4. laisse
5. vide
6. repartons
7. montez
8. rallonge

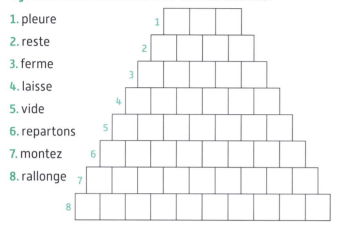

9. Méli-mélo Entoure le verbe qui convient
à chaque phrase, puis conjugue-le au présent
de l'indicatif ou de l'impératif pour la compléter.

1. RUGIR / PARTIR / OFFRIR

Nous .... chaque année en Angleterre.

2. PRENDRE / FAIRE / SUIVRE

.... vos devoirs.

3. DORMIR / POURSUIVRE / BOIRE

Mon chat .... une souris.

4. VOULOIR / VOIR / POUVOIR

Je ne .... pas te déranger.

5. PARAÎTRE / DISPARAÎTRE / APPARAÎTRE

Le soleil .... derrière les nuages.

6. PEINDRE / DÉFENDRE / ENTENDRE

Je te .... d'entrer dans cette pièce.

10. Message secret Dans ce message secret,
retrouve sept verbes à l'infinitif, souligne-les,
puis conjugue-les au présent pour compléter
le dialogue.

uneattendre êtrexhrnqsdzaarriverklouya
lalleroihrprendrewkjrtrejoindretvxatuihnzavouloir

– Allô ? J' .... depuis une heure !

Vous .... où ?

– On ....

– Dépêchez-vous ! Le bus .... partir !

– .... -le, on te .... là-bas !

– Je vous en ....

11. Méli-mélo Choisis la ou les bonnes lettres
qui te permettront de compléter ces formes
verbales au présent.

x • nent • s • s • dez • t • t • gnons • ds • d

1. je pren ....
2. tu peu ....
3. il pein ......
4. elle rejoin ......
5. je vai ....
6. elles appren ....
7. vous enten ....
8. nous crai ....
9. tu par ....
10. elle ven ....

12. Devinette Barre tous les impératifs.
Avec les mots restants, tu trouveras l'énoncé
d'une devinette à laquelle tu devras répondre.

qu'viensestvarestetrouvecequiparsprendsestjaune
cherchesorteztoutpetitdonnetiensetquifaitesfaitcrac
jouezriezcroclisezfuyezcracrentre ?

Devinette : ....
....

Réponse : ....

13. Labo des mots Complète ce tableau (utilise
la même personne pour l'indicatif et l'impératif).

Infinitif	Indicatif présent	Impératif présent
saisir	nous	
	tu vas	
		voyons
mordre	tu	
		venez
teindre	nous	
	tu cueilles	

14. Devinette Barre les verbes au présent pour
trouver une devinette que tu devras résoudre.

Sorsquelturéussisanimalnouscroyons
aleplusilsobéissentdejeréfléchisdents

Devinette : ....
....

Réponse : ....

L'imparfait de l'indicatif

J'observe

il partait, il entendait, il grandissait, nous chantions, nous finissions

Les verbes ci-dessus appartiennent-ils au même groupe ? ....

Ont-ils les mêmes terminaisons ? ....

Je retiens

A COMMENT FORME-T-ON L'IMPARFAIT ?

- Pour **tous les groupes**, les terminaisons sont : *-ais, -ais, -ait, -ions, -iez, -aient*

  je chantais, il prenait

- On utilise le radical de la **1re personne du pluriel du présent**.

tu **dans**ais	tu **finiss**ais	nous **ven**ions	nous **all**ions
(nous **dans**ons)	(nous **finiss**ons)	(nous **ven**ons)	(nous **all**ons)

  ⚠ Les terminaisons *-ions* et *-iez* s'ajoutent aussi aux radicaux en *-y* ou *-i*.
  *nous voy**ions**, vous croy**iez**, nous cri**ions**, vous pli**iez***

B CAS PARTICULIERS

- Le **verbe être** est formé sur le radical *ét-* : *j'étais, tu étais, il était…*

- Les **verbes en *-cer*** prennent une **cédille**, sauf aux deux 1res personnes du pluriel : *elle pinçait*

- Les **verbes en *-ger*** prennent un *e*, sauf aux deux 1res personnes du pluriel : *je nageais*

▶ Tableaux de conjugaison complets, p. 126 à 128.

Je m'entraîne

Attention, parfois plusieurs réponses sont possibles !

1 Complète avec le ou les pronoms personnels qui conviennent.

1. .... aimait • .... prenaient • .... allions • .... pouviez
2. .... dansions • .... finissais • .... pensiez • .... avait
3. .... étais • .... voyiez • .... croyais • .... partait

2 Complète ces verbes à l'imparfait.

1. je chant........ • il jou........ • nous voul........ • vous fini........ • elles pren........
2. tu grandi........ • il mang........ • nous cri........ • vous entend........ • vous croy........
3. nous faibli........ • tu boug........ • nous pli........ • vous voy........ • elles ri........

3 Conjugue ces verbes à l'imparfait aux personnes demandées.

saisir	rire	foncer
je	il, elle	je ....
il, elle	nous	nous ....
vous	vous	ils, elles ....

4 Conjugue à l'imparfait à la 1ʳᵉ et à la 2ᵉ personne du pluriel.

🟨 **1.** jouer : .... • habiller : ....

🟧 **2.** étudier : .... • payer : ....

🟥 **3.** copier : .... • exclure : ....

5 Transpose ces verbes du 3ᵉ groupe à l'imparfait.

🟨 **1.** tu mets : .... • il vient : .... • il voit : ....

🟧 **2.** je prends : .... • tu atteins : .... • je crains : ....

🟥 **3.** je peux : .... • il connaît : .... • ils boivent : ....

> N'oublie pas que l'imparfait se forme sur le **radical** de la **1ʳᵉ personne du pluriel du présent** !

6 Mets tous les mots de ces phrases au pluriel.

🟨 **1.** Tu attendais ton amie. ....

🟧 **2.** J'appréciais beaucoup ce garçon. ....

🟥 **3.** De là où j'étais, je ne te voyais pas. ....

7 *J'applique pour lire*

Pâris n'était plus là ! La foule s'impatientait et voulait éclaircir ce mystère. Agamemnon déclara : « C'est clair ! La victoire appartient aux Grecs ! Ils doivent rendre Hélène. »

a) Souligne les trois verbes à l'imparfait.

b) Transpose-les à la 1ʳᵉ personne du pluriel : ....
....
....

c) Réécris les paroles d'Agamemnon à l'imparfait :
....
....
....

8 *J'applique pour écrire*

À ton tour, imagine une petite scène où un personnage prend la parole pour calmer un groupe qui s'impatiente.

Consigne
• 5 lignes
• un dialogue
• 3 verbes à l'imparfait

Chacun son rythme

Coche la couleur que tu as le mieux réussie.
🟨 Relève de nouveaux défis ! ⟶ exercices 1, 2, p. 44
🟧 Améliore tes performances ! ⟶ exercices 3, 4, p. 44
🟥 Confirme ta réussite ! ⟶ exercices 5, 6, p. 44

14 Le passé simple de l'indicatif

J'observe

il surgit, il entra, il courut, il vint, il chanta.

Relève les deux verbes qui ont la même terminaison : ....

À quel groupe appartiennent-ils ? ....

À quels groupes appartiennent les autres verbes ? ....

Je retiens

A LES TERMINAISONS DU PASSÉ SIMPLE

	Terminaisons	Exemples
Verbes du **1er groupe** + verbe ***aller***	*–ai, –as, –a, –âmes, –âtes, –èrent*	*je plaçai, tu rassemblas, il mangea, il alla*
Verbes du **2e groupe** + certains verbes du **3e groupe**	*–is, –is, –it, –îmes, –îtes, –irent*	*je finis, il vit*
Verbes du **3e groupe** (sauf *tenir, venir* et leurs composés) + ***avoir*** et ***être***	*–us, –us, –ut, –ûmes, –ûtes, –urent*	*je courus, je reçus j'eus, il fut*
Tenir, *venir* et leurs composés	*–ins, –ins, –int, –înmes, –întes, –inrent*	*je vins, il tint*

B QUELS RADICAUX SONT UTILISÉS ?

- Les **verbes des 1er et 2e groupes** → le **radical** de l'**infinitif** : *il chanta, il finit*
- Les **verbes du 3e groupe** → soit le **radical** de l'**infinitif** : *il partit*
  → soit un **radical modifié** : *je reçus, j'écrivis, il vit*

Exceptions : ***vivre*** et ***naître*** : *je vécus, je naquis*

▶ Tableaux de conjugaison complets, p. 126 à 128.

Je m'entraîne

N'oublie pas le **e** pour les verbes en **-ger** avant les terminaisons en **-a** !

1 Complète ces verbes des 1er et 2e groupes au passé simple.

🟨 **1.** je chant........ • tu jou........ • il pli........
  • nous fin........ • ils écout........

🟧 **2.** je surg........ • tu chang........ • il sais........
  • vous all........ • elles déplac........

🟥 **3.** j'arriv........ • tu balay........ • il rang........
  • vous plong........ • elles grand........

2 Retrouve l'infinitif de ces verbes du 3e groupe conjugués au passé simple.

🟨 **1.** je courus : .... • tu vis : ....
  • il comprit : ....

🟧 **2.** je conduisis : .... • tu vins : ....
  • ils reçurent : ....

🟥 **3.** il dut : .... • tu fis : ....
  • il crut : ....

3 Conjugue ces verbes du 3ᵉ groupe au passé simple.

1.	2.	3.
descendre : je	dire : il	faire : nous ....
sentir : tu	prendre : il	écrire : elle ....
partir : il	voir : ils	mettre : ils ....

Ajoute une **cédille** avant les terminaisons en-**u**.

4 Conjugue ces verbes du 3ᵉ groupe au passé simple.

1. croire : je .... • lire : tu .... • vouloir : il ....

2. apercevoir : il .... • paraître : je .... • boire : ils ....

3. savoir : je .... • recevoir : il .... • pouvoir : ils ....

5 Conjugue ces verbes du 3ᵉ groupe au passé simple.

1. venir : je .... • tenir : tu .... • devenir : il ....

2. retenir : tu .... • parvenir : il .... • intervenir : ils ....

3. prévenir : il .... • survenir : nous .... • contenir : ils ....

6 Transpose ces verbes au passé simple.

1. j'essaie : .... • tu pars : .... • ils couraient : ....

2. il voit : .... • tu venais : .... • elle savait : ....

3. je mets : .... • vous saviez : .... • ils vivaient : ....

7 Souligne les formes verbales qui peuvent être au passé simple ou au présent.

tu dis • tu crus • tu pris • il sortit • tu guéris • elle grandit
• il conduit • il survint • il surprit • je ris • elle écrit

Au singulier, certains verbes se conjuguent de la même manière au **présent** et au **passé simple**.

8 *J'applique pour lire*

Au moment où Ménélas allait remporter la victoire, Aphrodite, la déesse qui protège Pâris, l'enveloppa et le cacha dans un épais brouillard. Ensuite, elle le conduisit dans sa chambre où Hélène le rejoignit.

a) Souligne quatre verbes au passé simple.

b) Transpose ces verbes à la 3ᵉ personne du pluriel :

....
....
....

9 *J'applique pour écrire*

À ton tour, raconte un événement miraculeux.
Tu peux t'inspirer d'un livre ou d'un film.

Consigne
• 5 lignes
• 3 verbes au passé simple

Coche la couleur que tu as le mieux réussie.

Relève de nouveaux défis ! ⟶ exercices 7, p. 44 et 8, 9, p. 45
Améliore tes performances ! ⟶ exercices 10, 11, 12, p. 45
Confirme ta réussite ! ⟶ exercices 13, 14, p. 45

Chacun son rythme

L'imparfait de l'indicatif

1. *Chasse aux intrus* Barre les verbes qui ne sont pas conjugués à l'imparfait.

il parlait • nous partions • vous attendiez • il croyait • nous croyons • vous riez • ils entendaient • je cherchai • tu réfléchissais • nous essuyons • elle écoutait • vous riez

2. *Quiz* Coche les phrases vraies.

À l'imparfait :

☐ les verbes du 1er groupe ont des terminaisons particulières.

☐ on rencontre parfois deux *i* l'un à côté de l'autre.

☐ le radical est celui de la 1re personne du pluriel du présent.

☐ tous les groupes ont les mêmes terminaisons.

3. *Jeu du pendu* Retrouve les verbes à l'imparfait de ces phrases (1 lettre par tiret).

1. Tous les matins, tu F__ _ _ _ _ _ la même promenade.

2. Au bout d'une heure, tu C__ _ _ _ _ _ _ _ _ à t'ennuyer.

3. L'été dernier, nous N__ _ _ _ _ _ tous les matins.

4. L'an dernier, je J _ _ _ _ _ au foot le mercredi.

5. Nous R _ _ _ _ _ _ _ _ _ souvent des histoires à notre petite sœur.

6. Cet été, elles H _ _ _ _ _ _ _ _ _ une petite maison dans la forêt.

4. *Lettres mêlées* Remets en ordre les lettres de ces verbes à l'infinitif, puis conjugue-les à l'imparfait pour compléter les phrases.

1. R I V O ➡ ....

À cause du brouillard, nous ne .... rien.

2. E T I A R N O R N C E ➡ ....

Il .... bien la maison de son enfance.

3. R A M R E C H ➡ ....

Elles .... avec précaution.

4. E T A L R V I A L R ➡ ....

Vous .... lorsque nous sommes arrivées.

5. E R A N I D C R ➡ ....

Nous .... d'être surpris par l'orage.

5. *Pyramide* Complète la pyramide par des verbes conjugués à l'imparfait (1re personne du singulier) et signifiant le contraire des verbes donnés.

1. pleurer

2. pousser

3. se taire

4. reculer

5. commencer

6. reculer

7. adopter

8. disparaître

1
2
3
4
5
6
7
8

6. *Mots mêlés* Retrouve neuf imparfaits dans cette grille. Indice : il y a trois fois l'imparfait d'un verbe d'état très courant et deux fois celui d'un verbe joyeux. Tu peux lire dans tous les sens.

R	I	A	I	T	R
N	I	A	I	S	A
S	I	A	P	A	T
E	T	A	I	S	A
E	T	A	I	S	I
A	L	L	A	I	S

Le passé simple de l'indicatif

7. *Chasse aux intrus* Barre les terminaisons qui ne peuvent pas correspondre à des passés simples.

ai • a • ais • e • it • es • âtes • èrent • urent • ins • ons • ez • es • ait • int

8. *Quiz* **Coche les phrases justes.**

Au passé simple :

☐ il y a quatre sortes de terminaisons.

☐ les verbes des 1er et 2e groupes ont les mêmes terminaisons.

☐ Les verbes du 3e groupe ont tous une 1re personne du singulier en *-us*.

☐ il y a toujours un accent circonflexe aux deux premières personnes du pluriel.

9. *Méli-mélo* **Ajoute la terminaison du passé simple qui convient à chaque radical de verbe.**

èrent • irent • as • int • it • ai • îmes • âtes • us • is

1. je préfér........................
2. elles retir........................
3. nous franch........................
4. tu cr........................
5. ils part........................
6. je réfléch........................
7. il fourn........................
8. vous all........................
9. tu écout........................
10. il ret........................

10. *Casse-tête* **Retrouve 6 infinitifs et conjugue-les au passé simple pour compléter le texte.**

jeupartirchevalcourirmarcherloinaccueillir
nuitjourtravaillersourceretentirécoleplage

Je .... au collège en retard. Je ....,
puis, fatigué, je ....
En classe, mes camarades m'........................ avec
le sourire. Nous .... puis la sonnerie
de la récréation ....

11. *Chasse aux intrus* **Barre les formes verbales qui n'existent pas.**

- nous prîmes
- vous sûtes
- nous pouvûmes
- vous chantâtes
- nous disâmes
- vous finîtes
- ils voulèrent
- vous écoutâtes
- nous vûmes
- nous faisâmes
- vous entendîtes
- vous parvenîtes
- ils éprouvèrent

12. *Pyramide* **Complète la pyramide par des verbes contraires conjugués à la 1re personne du singulier au passé simple.**

1. ignorer
2. laisser
3. disparaître
4. décoller
5. retirer
6. demander

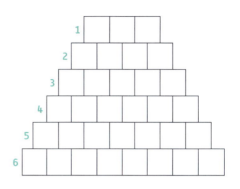

13. *Range-verbes* **Classe ces infinitifs par leur numéro dans le bon encadré.**

1. juger
2. remplir
3. croire
4. revenir
5. grandir
6. contenir
7. remettre
8. paraître
9. observer
10. aller
11. apercevoir
12. réfléchir
13. agir
14. apporter
15. franchir

Passés simples en *-ai*, *-as*...	Passés simples en *-is*, *-is*...
....	....

Passés simples en *-us*	Passés simples en *-ins*
....	....

14. *Remue-méninges*
Complète ces couples de phrases par des formes verbales homonymes. Attention ! Elles ne sont pas toutes au passé simple !

1. Il .... en Angleterre depuis deux ans.
   - Après l'averse, elle .... un bel arc-en-ciel.
2. Je me .... au travail dix heures par jour.
   - Je me .... car je n'avais plus rien à dire.
3. Je .... ma valise et je sortis.
   - Je .... pour que tu réussisses.
4. Je .... une promenade avant de rentrer.
   - Je me .... à toi : tu connais la région.

15 Le futur de l'indicatif et le présent du conditionnel

J'observe

je reviendrai, je jouerai, je finirai, j'irai, je pourrai

Ces verbes appartiennent-ils au même groupe ? ....

Ont-ils tous la même terminaison ? ....

L'infinitif apparaît dans deux de ces verbes, lesquels ? ....

À quels groupes appartiennent-ils ? ....

Je retiens

A COMMENT FORMER LE FUTUR SIMPLE ?

- Pour **tous les groupes**, les terminaisons sont : -(r)**ai**, -(r)**as**, -(r)**a**, -(r)**ons**, -(r)**ez**, -(r)**ont**
- Le **radical** utilisé se termine **toujours** par un *r*.

Verbes	Formation	Exemples
1er et 2e groupes	**infinitif complet** + terminaison	*je **planter**ai, tu **finir**as, nous **copier**ons*
3e groupe	**infinitif complet** ou **sans le *e* final** + terminaison	*je **partir**ai, tu **prendr**as* (inf. sans e)

- Certains verbes du **3e groupe** sont **irréguliers** :
– certains prennent **deux *r*** : *je pourrai, je verrai, j'enverrai, tu courras, ils mourront*
– d'autres ont des **radicaux irréguliers** : *j'irai* (aller), *j'aurai* (avoir), *je serai* (être), *je voudrai* (vouloir), *je viendrai* (venir), *tu tiendras* (tenir), *je ferai* (faire), *il saura* (savoir)

B COMMENT FORMER LE PRÉSENT DU CONDITIONNEL ?

- On utilise le **même radical en *-r*** qu'au futur.
- Les **terminaisons** sont celles de **l'imparfait** : -(r)**ais**, -(r)**ais**, -(r)**ait**, -(r)**ions**, -(r)**iez**, -(r)**aient**
  *je planter**ais**, tu finir**ais***

▶ Tableaux de conjugaison complets, p. 126 à 128.

Je m'entraîne

1 Indique le mode et le temps des formes verbales.

■ **1.** je jouerai : ....

■ **2.** nous prendrons : ....

■ **3.** vous verriez : ....

- il finirait : ....
- il retiendrait : ....
- je serais : ....

2 Conjugue au futur puis au conditionnel présent ces verbes des 1er et 2e groupes.

Attention ! Le **radical** des verbes avec un **e** ou un **é** dans la dernière syllabe et le **radical** des verbes en **-yer** changent **comme au présent** !

	Futur	Cond. présent
🟨 jouer	tu	tu ....
🟨 finir	nous	nous ....
🟧 plier	il	il ....
🟧 payer	ils	ils ....
🟥 appeler	nous	nous ....
🟥 semer	je	je ....

3 Conjugue au futur puis au conditionnel présent ces verbes du 3e groupe.

	Futur	Cond. présent
🟨 sortir	je	je ....
🟨 lire	ils	ils ....
🟧 venir	il	il ....
🟧 pouvoir	nous	nous ....
🟥 courir	tu	tu ....
🟥 faire	vous	vous ....

4 Transpose du présent au futur.

🟨 **1.** je rêve : ....
   • tu bondis : ....

🟧 **2.** elle tient : ....
   • nous pouvons : ....

🟥 **3.** je vois : ....
   • ils veulent : ....

5 Transpose de l'imparfait au conditionnel présent.

🟨 **1.** je dansais : ....
   • nous finissions : ....

🟧 **2.** il soupirait : ....
   • ils plaçaient : ....

🟥 **3.** j'allais : ....
   • nous envoyions : ....

6 Souligne en bleu les conditionnels présents et en rouge les imparfaits.

🟨 **1.** je pouvais • il espérait • nous finirions • tu voudrais • ils entendraient • ils recevaient

🟧 **2.** il aimerait • tu opérais • il mourait • tu pourrais • vous illustriez • ils paieraient

🟥 **3.** vous seriez • il devrait • nous soupirions • vous viendriez • ils iraient • nous courions

7 Souligne en vert les futurs, en bleu les conditionnels présents et en rouge les imparfaits.

🟨 **1.** je ferai • il ferait • nous faisions • vous saviez • ils chantaient • nous chanterons

🟧 **2.** ils étaient • nous entendrions • vous entendrez • ils aimeraient • ils viendront

🟥 **3.** je serai • j'aurais • nous courrions • vous mourrez • j'envoyais • je pourrai

8 *J'applique pour lire*

Sur l'Olympe, les dieux se querellent. Qui décidera ? Qui l'emportera ? Zeus et Aphrodite conduiront-ils les Troyens à la victoire ? Héra et Athéna atteindront-elles leur but : la victoire des Grecs ? Personne ne le sait.

a) Souligne les quatre verbes au futur.

b) Transpose-les au conditionnel présent : ....
....

c) Réécris la première phrase au futur : ....

9 *J'applique pour écrire*

Tu prépares l'anniversaire de ton ou ta meilleur(e) ami(e). Rédige ce que tu prévois de faire pour lui (elle).

Consigne
• 5 lignes
• 4 verbes au futur

Coche la couleur que tu as le mieux réussie.

🟨 Relève de nouveaux défis ! ➔ exercices 1, 2, p. 50
🟧 Améliore tes performances ! ➔ exercices 3, 4, 5, p. 50
🟥 Confirme ta réussite ! ➔ exercices 6, 7, 8, p. 50

Chacun son rythme

16 Le passé composé et le plus-que-parfait de l'indicatif

J'observe

il est venu, il a chanté, nous avons entendu, ils sont allés

De combien de mots ces verbes conjugués sont-ils constitués ? ....

Quels verbes utilisent l'auxiliaire *avoir* ? ....

Quels verbes utilisent l'auxiliaire *être* ? ....

Je retiens

A QU'EST-CE QU'UN TEMPS COMPOSÉ ?

• Les **temps composés** sont toujours constitués de **deux mots** :

auxiliaire *avoir* ou *être* conjugué à un temps simple	+	participe passé du verbe à conjuguer

B COMMENT FORME-T-ON LE PASSÉ COMPOSÉ ET LE PLUS-QUE-PARFAIT DE L'INDICATIF ?

• **Passé composé** → auxiliaire au **présent** *j'ai vu, je suis venu*
• **Plus-que-parfait** → auxiliaire à l'**imparfait** *j'avais chanté, nous étions allés*

⚠ Pense à **accorder les participes passés** avec les sujets quand l'auxiliaire est *être*. ▶ fiche 19

Remarques :
– Les verbes *être* et *avoir* se conjuguent toujours avec l'**auxiliaire *avoir*.** → *Ils ont été gentils. J'ai eu un nouveau sac.*
– Il existe deux autres **temps composés** de l'indicatif : le **passé antérieur** et le **futur antérieur**.

Je m'entraîne

1 ***Être*** **ou** *avoir* **? Classe ces verbes.**

■ **1.** tu es • ils ont • elles étaient

■ **2.** nous avions • vous serez • elles sont

■ **3.** il eut • je fus • nous serons

Être ....
....
....

Avoir ....
....
....

2 **Souligne en bleu les auxiliaires et en vert les participes passés.**

■ **1.** j'ai fini • tu es arrivé • il était allé • nous avons vu • vous avez regardé • ils ont entendu

■ **2.** tu as mis • il n'a pas compris • j'avais bien écouté • vous aviez aperçu • j'avais attendu

■ **3.** il avait été • il n'était pas encore né • ils avaient bien vécu • ils n'ont jamais cru • ils sont morts

3 Souligne les verbes *être* ou *avoir* en bleu s'ils sont utilisés seuls et en rouge s'ils sont auxiliaires.

■ **1.** Je suis un élève de 6ᵉ. • J'ai beaucoup d'amis. • Je suis rentré de vacances. • J'ai appris la nouvelle.

■ **2.** J'étais très content. • J'ai oublié mes clés. • Tu es parti deux jours. • J'ai de nouvelles baskets.

■ **3.** Elle n'était pas encore arrivée. • J'ai eu une très belle surprise. • Il a été un grand sportif.

4 Complète le tableau.

Verbes	Passé composé	Plus-que-parfait	Verbes	Passé composé	Plus-que-parfait
■ jeter (il)			■ grandir (tu)		
■ voir (je)			■ lire (nous)		
■ aller (ils)			■ vouloir (elle)		
■ sourire (vous)			■ tomber (elle)		
■ faire (elles)			■ prendre (je)		
■ venir (elle)			■ dire (vous)		

5 Transpose ces formes verbales simples au temps composé correspondant.

■ **1.** il chante : .... • tu finissais : .... • ils mangent : ....

■ **2.** je courais : .... • il court : .... • il vient : ....

■ **3.** elle met : .... • nous avions : .... • tu étais : ....

Pour trouver le temps composé correspondant, **conjugue l'auxiliaire au temps simple identifié :** présent → aux. au présent = passé composé.

6 **J'applique pour lire**

Le prince Pâris a grandi chez Agélaos, un berger. Il ne savait pas qu'il était le fils du roi de Troie, Priam. [Il est devenu berger à son tour sur le mont Ida, et un jour il a vu apparaître trois déesses.] Elles lui ont demandé de désigner la plus belle d'entre elles.

a) Souligne les passés composés du texte.

b) Réécris au plus-que-parfait la phrase entre crochets : ....
....
....

7 **J'applique pour écrire**

Réécris ce texte en remplaçant les passés simples par des passés composés.

La première déesse, Athéna, lui révéla qu'il était fils de Priam et lui proposa, s'il la choisissait, de lui donner la prudence guerrière. Elle lui promit de faire de lui le guerrier le plus vaillant. Héra, la seconde, lui offrit la richesse et la possession du plus puissant des royaumes. Aphrodite, enfin, lui donna la possibilité d'épouser Hélène, la plus belle des femmes. C'est, bien sûr, cette dernière qu'il choisit.

Coche la couleur que tu as le mieux réussie.

□ Relève de nouveaux défis ! ⟶ exercices 9, 10, p. 51

□ Améliore tes performances ! ⟶ exercices 11, 12, p. 51

□ Confirme ta réussite ! ⟶ exercices 13, 14, 15, p. 51

Chacun son rythme

Le futur de l'indicatif et le présent du conditionnel

■ **1. Range-verbes** Entoure les verbes au futur.

je chanterai • il lisait • tu recevras • il courut • vous serez • nous rions • elles entendront • elles ouvraient • elle ira • elle espéra • tu feras • nous viendrons • nous réussirons • nous partons • elle démarra • tu appelas • ils attraperont

■ **2. Chasse aux intrus** Barre les verbes qui ne sont pas au conditionnel présent.

il voulait • tu serais • ils voudraient • tu iras • je pourrais • nous viendrons • vous chanteriez • elle partira • je voudrai • tu riras • vous pourriez • nous avertirons • nous courrions • elle enverrait • tu aurais • je lirai • nous arroserons

■ **3. Quiz** Coche les bonnes réponses.

1. Le futur et le conditionnel présent se forment :
☐ sur l'infinitif.   ☐ sur un radical terminé par un *r*.

2. Les terminaisons sont les mêmes qu'à l'imparfait :
☐ au futur.   ☐ au conditionnel présent.

3. Aux 1re et 2e personnes du pluriel, les deux temps :
☐ ont les mêmes terminaisons   ☐ sont différents

■ **4. Devinette** Barre les futurs et les conditionnels présents, puis trouve l'énoncé d'une devinette que tu devras résoudre.

rougiraisqu'seraestauraceferionsquirirapeut viendraisêtrevoudraisàpartiraslapourra foistiendrionsuncourraclownliraitprendrions unelunecroiraitmettrontouunentendraitchat

Devinette : ....

....

Réponse : ....

■ **5. Jeu du smiley** Conjugue les verbes au futur à la 2e personne du pluriel.

travailler, apprendre ses leçons puis faire le ménage et aller acheter le pain.

☺ ....

....

....

Conjugue-les ensuite à la même personne mais au conditionnel et à la forme négative.

☹ ....

....

....

■ **6. Pyramide** Complète la pyramide : trouve les verbes correspondant aux définitions et conjugue-les au temps et à la personne demandés.

1. se rendre à un endroit `FUTUR 3ᵉ PERS. SING.`
2. posséder `FUTUR 3ᵉ PERS. SING.`
3. contraire de *pleurer* `FUTUR 2ᵉ PERS. SING.`
4. se déplacer très vite à pied `FUTUR 3ᵉ PERS. SING.`
5. connaître quelque chose `COND. PRÉS. 1ʳᵉ PERS. SING.`
6. être capable `COND. PRÉS. 3ᵉ PERS. SING.`
7. contraire de *se taire* `COND. PRÉS. 2ᵉ PERS. PLUR.`

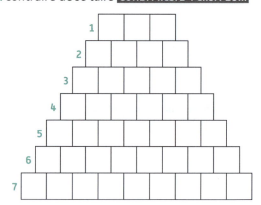

■ **7. Lettres mêlées** Remets ces lettres en ordre pour retrouver les verbes au futur ou au conditionnel. Souligne en rouge les futurs et en bleu les conditionnels.

1. Je savais que tu S R V I E R A R I A .... à temps.

2. Mes parents S T I A O S R E N T S .... à notre spectacle.

3. Je S A D U I V O R .... bien le rencontrer.

■ **8. Verbes à la loupe** Souligne en rouge les verbes au futur et en bleu ceux au conditionnel présent.

- tu penseras
- ils entendraient
- vous réussiriez
- je voudrai
- nous ferons
- vous espérerez
- elles coloreront
- tu penserais
- je finirais
- elle saura
- vous mettrez
- je saurais
- j'ouvrirai
- tu dirais
- ils viendront
- vous aurez
- ils croiraient
- tu iras
- nous écouterions
- vous enverriez
- je réfléchirais

Le passé composé et le plus-que-parfait de l'indicatif

9. *Chasse aux intrus* **Barre les verbes qui ne sont pas conjugués à un temps composé.**

je range • je lis • tu as ri • vous êtes partis • ils viennent • tu avais pris • ils sont venus • ils ont attendu • il a

10. *Quiz* **Coche les phrases vraies.**

☐ Les temps composés sont constitués de deux mots.

☐ Le 1er mot est toujours l'auxiliaire *avoir*.

☐ Au passé composé, l'auxiliaire est au présent.

☐ Les verbes *être* et *avoir* sont toujours des auxiliaires.

☐ Le 2e mot est toujours un participe passé.

11. *Range-verbes* **Classe les verbes suivants par leur numéro dans la bonne colonne.**

1. je suis allé
2. ils avaient fini
3. tu avais fait
4. elle a compris
5. vous avez attendu
6. il avait oublié
7. elles étaient venues
8. vous avez eu
9. nous avons appris
10. il avait cru
11. il a confondu
12. elles étaient venues

Passé composé	Plus-que-parfait
....	....
....	....

12. *Méli-mélo* **Remets ces auxiliaires à leur place et indique le temps obtenu.**

était • a • avions • avait • suis • ai • aviez • es

1. il .... préféré ➡ ....
2. elle .... vu ➡ ....
3. je .... venu ➡ ....
4. j' .... fini ➡ ....
5. nous .... choisi ➡ ....
6. elle .... allée ➡ ....
7. vous .... aimé ➡ ....
8. tu .... tombé ➡ ....

13. *Devinette* **Barre les formes verbales composées pour découvrir une devinette et donne sa réponse.**

> ailujeavionsentendusuisavaisaimépetitet
> ontchantémignonavaisprismaisavujesuisvenu
> piqueestpartisiacourutuontétémeavaisjeté
> touchesétionsallésturisquessuistombé
> deontsaisileamangéregretter

Devinette : ....

....

Réponse : ....

14. *Lettres mêlées* **Remets les lettres en ordre pour retrouver l'infinitif des verbes que tu conjugueras au temps indiqué pour compléter les phrases.**

1. R E I N T M R E ➡ .... **PLUS-QUE-PARFAIT**
Ils .... la course.

2. R U V O I R ➡ .... **PLUS-QUE-PARFAIT**
Ils .... leur sac.

3. T R A H U S I O E ➡ .... **PASSÉ COMPOSÉ**
Nous .... les rencontrer.

15. *Méli-mélo* **Retrouve sept participes passés d'au moins 3 lettres dans la grille et utilise-les pour compléter les phrases.**

1. Il a .... sa chambre.
2. As-tu .... la vérité ?
3. J'ai .... un gâteau.
4. Nous avions .... trop tôt.
5. Comme vous avez .... !
6. Après ma séance de sport, je me suis ....
7. J'ai enfin .... ce livre de 800 pages !

F	I	N	I	U	E
A	U	N	D	I	T
I	V	R	N	G	I
T	O	U	A	L	R
T	O	U	R	N	E
R	A	N	G	E	W

17 Les homophones de *être*

Ils **sont** arrivés les premiers. • Il a mis **son** nouveau pantalon.

Quel est le point commun entre les deux mots en gras ? ....

Lequel peut être remplacé par *étaient* ? ....

Je retiens

A QUELS SONT LES HOMOPHONES DE *ÊTRE* ?

- *(tu)* **es**, *(il)* **est**   verbe *être*   → remplacer par l'imparfait *(étais, était)*
- *(j')* **ai**   verbe *avoir*   → remplacer par l'imparfait *(avais)*
- **et**   mot de liaison   → remplacer par *et puis*

Tu **es** *(étais)* formidable **et** *(et puis)* j'**ai** *(avais)* un cadeau pour toi.

- *(ils)* **sont**   verbe *être*   → remplacer par l'imparfait *(étaient)*
- **son**   déterminant possessif   → mettre au pluriel *(ses)*

Ils **sont** *(étaient)* partis. Elle a fini **son** *(ses)* livre.

B QUELS SONT LES HOMOPHONES DE *ÊTRE* PRÉCÉDÉ D'UN PRONOM ?

- **m'es** *(est)*, **t'es** *(est)*, **s'est**, **c'est**   verbe *être*   → remplacer par l'imparfait *(m'étais, t'étais, s'était...)*
- **mais**   mot de liaison   → remplacer par *et*
- *(tu)* **mets**, *(il)* **met**   verbe *mettre*   → remplacer par l'imparfait *(mettais...)*
- **mes, tes, ces, ses**   déterminants   → mettre au singulier *(mon, ton...)*
- *(tu)* **sais**, *(il)* **sait**   verbe *savoir*   → remplacer par l'imparfait *(savais...)*

Il **m'est** *(m'était)* impossible d'enfiler **mes** *(ma)* bottes.

Tu **t'es** *(t'étais)* amusé avec **tes** *(ton)* amis.

Remarque : pour ne pas confondre **c'est** et **s'est** : **c'est** signifie « cela est », **s'est** est toujours suivi d'un participe passé : **c'est** *(cela est)* *(c'était)* bien ; il **s'est** *(s'était)* promené *(participe passé)*.

Je m'entraîne

1 **Complète par *son* ou *sont*, et justifie ton choix.**

1. Donne-lui .... cadeau. → ....

• Ils .... déjà partis. → ....

2. Ils .... mignons. → ....

• Je préfère .... chat à .... chien. → ....

3. Ses papiers .... dans .... sac. → ....

> Pour justifier ton choix, mets au **pluriel** ou à l'**imparfait**.

2 Complète par *ai*, *es*, *est* ou *et*, puis justifie ton choix.

Pour justifier ton choix, **remplace** par *et puis* ou mets à l'**imparfait**.

■ **1.** Il entre _____ sort sans arrêt. ➜ _____   • Où _____ -il ? ➜ _____

■ **2.** J'_____ entendu du bruit. ➜ _____   • _____ -tu inquiète ? ➜ _____

■ **3.** _____ -tu loin _____ as-tu fait bonne route ? ➜ _____

3 Complète par *tes*, *t'es* ou *t'est*.

■ **1.** Où as-tu mis _____ gants ? • Tu t'_____ trompé de chemin. • Tous _____ calculs sont faux.

■ **2.** Il _____ arrivé une drôle d'histoire. • Tu _____ aperçu trop tard de _____ erreurs.

■ **3.** Pourquoi _____ -tu perdu ? • Parce que tu _____ moqué de moi avec _____ explications fantaisistes.

4 Complète avec les homophones proposés.

■ **1.** MES / MAIS   Je te raconte _____ aventures, _____ tu ne les répètes à personne !

■ **2.** MAIS / M'EST / MES   _____ clés ont disparu, _____ il _____ possible d'entrer par la fenêtre.

■ **3.** METS / M'EST / MES   Où _____ -tu _____ affaires ? Cela _____ indifférent.

5 Complète par *ces*, *ses* ou *s'est*.

Au singulier, *ces* devient *ce*, *cet* ou *cette* ; *ses* devient *son* ou *sa*.

■ **1.** _____ montagnes sont très hautes. • Elle ne retrouve plus _____ gants.

■ **2.** Il _____ installé dans l'une de _____ belles maisons avec _____ enfants.

■ **3.** Que _____ -il passé ? Il _____ endormi avec _____ vêtements et _____ lunettes.

6 Complète par *sais*, *sait*, *s'est* ou *c'est*.

■ **1.** Il _____ sa leçon par cœur. _____ très bien ! • Il _____ perdu.

■ **2.** Le _____ -tu ? Il _____ fait renverser par une voiture, mais ne _____ rien cassé.

■ **3.** Comme _____ étrange ! On croirait que _____ lui, mais _____ son sosie.

7 Barre la forme fausse.

■ **1.** Quand le soleil c'est / s'est levé, je dormais. • C'est / s'est très important de se reposer.

■ **2.** Il ne s'est / c'est pas souvenu de ce qui c'est / s'est passé ? • C'est / s'est dommage.

■ **3.** C'est / s'est lui qui c'est / s'est proposé pour venir, mais il s'est / c'est trompé de chemin.

8 ***Je consolide mon orthographe***

Complète le texte à l'aide des homophones de la leçon.

Hélène _____ la femme de Ménélas, roi de Sparte. Un jour, le prince Pâris _____ arrivé de Troie sur _____ vaisseaux noirs. Il _____ présenté au roi dans _____ somptueux char _____ _____ reçu avec tous les honneurs. Le pauvre Ménélas ne _____ pas encore qu'il reçoit l'instrument de _____ malheur.

9 ***J'applique pour écrire***

Rédige trois phrases qui contiendront chacune au moins deux homophones de la leçon.

Coche la couleur que tu as le mieux réussie.

■ Relève de nouveaux défis ! ➜ **exercices 1, 2, p. 58**

■ Améliore tes performances ! ➜ **exercices 3, 4, p. 58**

■ Confirme ta réussite ! ➜ **exercices 5, 6, p. 58**

Chacun son rythme

Les homophones de *avoir*

J'observe

Il **a** pris ses lunettes de soleil pour aller **à** la plage.

Lequel des deux mots en gras est une forme du verbe *avoir* ? ....

Remplace-le par l'imparfait : ....

Je retiens

A QUELS SONT LES HOMOPHONES DE *AVOIR* ?

- *(tu)* **as**, *(il)* **a**   verbe *avoir*   → remplacer par l'imparfait *(avais, avait)*
- **à**   préposition   → remplacement impossible

*Tu **as** (avais) un bateau. Tu vas **à** Paris.*

- *(ils)* **ont**   verbe *avoir*   → remplacer par l'imparfait *(avaient)*
- **on**   pronom sujet   → remplacer par *il*

*Elles **ont** (avaient) gagné. **On** (il) vient de l'apprendre.*

B QUELS SONT LES HOMOPHONES DE *AVOIR* PRÉCÉDÉ D'UN PRONOM ?

- **l'ai, l'as (a), m'as (a), t'ai, t'a**   verbe *avoir*   → remplacer par l'imparfait *(l'avais, m'avais, t'avait…)*
- **l'es (est), t'es (est)**   verbe *être*   → remplacer par l'imparfait *(l'étais…)*
- **ma, ta, la**   déterminant ou pronom   → mettre au pluriel *(mes, tes, les)*
- **tes, les**   déterminant ou pronom   → mettre au singulier *(ton, ta, le, la)*
- **là**   mot invariable   → remplacer par *ici*

*Il **m'a** (m'avait) parlé de **ma** (mes) sœur. Je ne **l'ai** (l'avais) pas vu, mais il **les** (le) voit.*

Je m'entraîne

1 Complète par *as*, *a* ou *à*, et justifie ta réponse.

  ■ **1.** Il .... téléphoné .... ses parents. → ....

  ■ **2.** Tu n'............ qu'............ t'entraîner un peu. → ....

  ■ **3.** Qu'............ -tu .... rester là .... ne rien faire ? → ....

Pour justifier ta réponse, mets à l'imparfait ou écris impossible.

2 Complète par *on* ou *ont*, et justifie ta réponse.

  ■ **1.** Ils .... pris le bus et .... ne les a pas vus. → ....

  ■ **2.** Où .... -ils trouvé cette idée, ... se le demande. → ....

  ■ **3.** Ils .... fait ce qu'............ leur avait demandé. → ....

Pour justifier ta réponse, remplace par il ou par avaient.

3 Complète par *ma*, *m'a* ou *m'as*.

■ **1.** J'ai oublié .... trousse. • Il ne .... pas attendu. • Elle ne .... pas vu.

■ **2.** Elle .... raconté une histoire. • Tu .... étonné. • Tu .... pris .... place.

■ **3.** .... -tu dit la vérité ? • .... voisine ne .... pas reconnu. • Ton cadeau .... plu.

4 Complète par *ta*, *t'a*, *t'ai*, *tes*, *t'es* ou *t'est*.

■ **1.** .... coiffure te va bien. • Il .... envoyé un message. • Mets .... lunettes !

■ **2.** Elle .... remercié. • Où est garée .... voiture ? • Je .... écrit.

■ **3.** Pourquoi ne .... -je pas vu ? • Que .... -il arrivé ? • Tu ne .... pas trompé.

5 Complète par *la*, *là*, *l'a* ou *l'as*.

■ **1.** Il est passé par .... • .... salle est pleine. • .... sortie est bien indiquée.

■ **2.** Il ne .... pas vu. • Il l .... voit souvent. • Tu ne .... pas encore essayé.

■ **3.** .... -tu souvent rencontré ? • Tu ne .... pas remarqué dans .... foule.

6 Complète par *l'ai*, *les*, *l'es* ou *l'est*.

■ **1.** .... fleurs vont faner, mets- .... dans un vase. • On ne .... entend pas.

■ **2.** Je ne .... pas encore rencontré. • Je .... rencontre souvent.

■ **3.** Quand .... -je déjà vu ? • Est-il là ? Oui, il .... • Tu es sûr ? .... -tu vraiment ?

7 Choisis la bonne orthographe.

1.
Il a / à atterri là / la a / à huit heures. On / ont ne l'a / la pas attendu.

2.
Tu ne m'a / m'as pas prévenu. Pourquoi t'es / t'ai-tu perdu ?

3.
Où l'ai / les-je mis ? On t'a / t'as dit d'attendre là / la ! T'est / T'es-tu souvenu de lui ?

8 **Je consolide mon orthographe**

Complète le texte à l'aide des homophones de la leçon.

Le lendemain, Ménélas .... quitté Sparte. Hélène ne .... pas accompagné. Elle .... regardé s'éloigner du rivage sur son vaisseau, puis est revenu .... ville. .... , elle .... vu venir .... sa rencontre le prince Pâris. Le prince .... saluée et lui .... avoué son amour.

9 **J'applique pour écrire**

Rédige trois phrases en utilisant dans chacune d'elles au moins deux homophones de *avoir*.

Chacun son rythme

Coche la couleur que tu as le mieux réussie.

■ Relève de nouveaux défis ! ➝ exercices 7, 8, p. 58

■ Améliore tes performances ! ➝ exercices 9, p. 58 et 10, p. 59

■ Confirme ta réussite ! ➝ exercice 11, p. 59

19 L'accord du participe passé employé avec *être*

Les feuilles **tombées** sont **emportées** par le vent.

Avec quel mot les deux participes en gras s'accordent-ils ? ....

Lequel est précédé de l'auxiliaire *être* ? ....

Je retiens

A COMMENT ACCORDER LE PARTICIPE UTILISÉ SEUL ?

• **Accord** avec le **nom auquel il se rapporte**, comme **un adjectif qualificatif**.

un lieu éclair**é**   une pièce illuminé**e**

(masc. sing.)   (fém. sing.)

B COMMENT ACCORDER LE PARTICIPE UTILISÉ AVEC *ÊTRE* ?

• **Accord** en **genre** et en **nombre** avec le **sujet du verbe**.

ma sœur est arrivé**e**   les enfants étaient sorti**s**

(fém. sing.)   (masc. plur.)

⚠️ L'accord se fait même si *être* est à l'**infinitif** ou conjugué à un **temps composé**.

elle pense être reç**ue**   l'actrice a été félicité**e**

Remarque 1 : le participe passé de certains verbes se termine par un **s** ou un **t** même au masculin singulier : *Le couvert est **mis**. Le travail est **fait**.*

Remarque 2 : le participe passé utilisé avec ***avoir*** **ne s'accorde pas** avec le sujet : *Elles ont **dit**.*

Je m'entraîne

1 Complète si besoin ces participes utilisés seuls.

🟨 **1.** des livres publié......au XIXᵉ siècle • une maison bien éclairé.......... • un terrain exposé........au nord

🟧 **2.** des vêtements déjà porté........ • un merle et un pigeon perché.......sur un arbre

🟥 **3.** un pull et une chemise usé........ • une maison vite constru**i**........ • une table bien mi..........

2 Complète si besoin ces participes utilisés avec l'auxiliaire *être*.

🟨 **1.** La sortie est annulé.......... • Les invités sont parti........ • Elle a été choisi.......... .

🟧 **2.** Alice et son frère sont arrivé.......... • Ils sont revenu.......... • Nous sommes né..........le même jour.

🟥 **3.** Où es-tu allé..........? • Elles ont été surpri.......... • Ma sœur et moi sommes inscri.......... .

3 Complète si besoin ces participes passés utilisés avec l'auxiliaire *avoir*.

◼ **1.** J'ai fini ...... mon livre. • Ils ont acheté ...... le pain. • Nous avons assisté ...... à un beau spectacle.

◼ **2.** Elle n'a pas entendu ...... la sonnerie. • Ma mère et moi avons fai ...... la vaisselle.

◼ **3.** Où ont-elles mi ...... les clés ? • Elle a condui ...... la voiture de son père. • Nous avons écri ...... un poème.

4 Complète si besoin ces participes au masculin singulier.

*Pour savoir si tu dois mettre un **s** ou un **t**, transpose au féminin : dit → di**te**.*

◼ **1.** Il a fui .... • Il est fini .... • Il a fai .... • Il s'est enfui ....

◼ **2.** Il est condui .... • Il est reçu .... • Il est parti .... • tu es sédui ....

◼ **3.** Il est acqui .... • Il s'est diverti .... • Il s'est remi .... • Je suis conqui ....

5 Mets les infinitifs au participe puis accorde-les.

◼ **1.** Les enfants ARRIVER .... les derniers seront aussi RÉCOMPENSER ....

◼ **2.** Elle n'avait jamais CONDUIRE .... , mais maintenant elle y est HABITUER ....

◼ **3.** Ils ont longtemps VIVRE .... aux États-Unis. Ils y sont NAÎTRE .... mais en sont REVENIR ....

6 Transpose ces phrases au pluriel.

◼ **1.** Il est parti. ➡ .... • Tu es bien renseigné. ➡ ....

◼ **2.** Il a fini son repas. ➡ .... • Je suis fatigué. ➡ ....

◼ **3.** Quand es-tu partie ? ➡ ....
• Elle n'était pas attendue. ➡ ....

7 Conjugue les verbes au passé composé.

◼ **1.** Ils REGARDER .... un match. • Elles REVENIR .... vite.

◼ **2.** Ma sœur ENTRER .... dans une boutique et CHOISIR .... une robe.

◼ **3.** Ces rosiers ÊTRE PLANTÉ .... , ils FLEURIR .... mais SE FANER .... très vite.

8 *J'applique pour lire*

Hélène a été bouleversée par cet aveu, elle a longtemps hésité, mais a finalement accepté, poussée par la déesse Aphrodite. Les marins de Pâris avaient tout préparé pour le départ. Pâris est monté avec Hélène sur le plus grand bateau, Aphrodite a envoyé des vents favorables et ils se sont rapidement éloignés des rivages de Sparte.

a) Souligne en bleu les participes utilisés avec *avoir* et en rouge ceux utilisés avec *être*.

b) Relève un participe passé utilisé sans auxiliaire :
....

c) Réécris la première phrase en remplaçant *Hélène* par *Hélène et sa servante* :
....
....
....

9 *J'applique pour écrire*

Raconte, à ton tour, une histoire où un personnage a fait le choix, comme Hélène, de suivre son amour.

Consigne
• passé composé
• 1 participe utilisé comme adjectif

Chacun son rythme

Coche la couleur que tu as le mieux réussie.
◻ Relève de nouveaux défis ! ⟶ **exercices 12, 13, p. 59**
◻ Améliore tes performances ! ⟶ **exercices 14, 15, p. 59**
◻ Confirme ta réussite ! ⟶ **exercice 16, p. 59**

Les homophones de *être*

■ **1. Méli-mélo Complète les phrases avec les homophones proposés.**

est • et • es • son • sont • mes • m'est • c'est • ses • s'est

1. Pierre _____ Paul _____ à la plage.

2. _____ scooter est en panne.

3. Où _____ -tu ?

4. Il _____ impossible de te raconter _____ aventures.

5. _____ bien, Claire a retrouvé _____ clés.

6. Il _____ parti à l'heure mais _____ perdu en route.

■ **2. Quiz Coche les propositions justes.**

☐ *Es* et *est* peuvent se remplacer par *étais / étaient*.

☐ *Est* et *sont* peuvent se remplacer par *était / étaient*.

☐ *C'est* et *ces* peuvent se mettre au singulier.

☐ *S'est* est toujours suivi d'un participe passé.

■ **3. Mots à la loupe Complète les phrases par un homophone de *être*.**

1. Mes amis ne _____ pas encore partis.

2. Il a bien préparé _____ voyage.

3. Yan _____ venu te dire que tu _____ la plus belle.

4. J'_____ reçu un cadeau pour ma fête _____ mon anniversaire.

■ **4. Labo des mots Complète les phrases par des homophones de la leçon.**

1. Toi _____ moi sommes frères.

2. _____ frère est là.

3. Elle _____ contente.

4. Elle _____ perdue.

5. Tu as gagné : _____ bien.

■ **5. Devinette Barre tous les homophones de la leçon pour trouver l'énoncé d'une devinette que tu devras résoudre.**

> queletsportsontunestserpentson
> détestemes-t-ilseslec'estplus ?

Devinette : _____

_____

Réponse : _____

■ **6. Mots mêlés Retrouve dans la grille des homophones de la leçon et utilise-les pour compléter les phrases.**

S	H	S	S'	C'
V	O	O	E	E
W	F	N	S	S
E	S	T	T	T
E	U	Y	E	T

1. Elle _____ partie.

2. Il _____ enfui, _____ dommage.

3. _____ frère _____ sa sœur _____ jumeaux.

4. Tu _____ accueillante.

5. Elle a reçu _____ amis.

Les homophones de *avoir*

■ **7. Remue-méninges Complète les phrases avec les homophones proposés.**

a • à • la • là • on • ont • l'ai • les • ta • t'a

1. Elles _____ téléphoné.

2. Julie _____ raison _____ .

3. _____ _____ conduit _____ l'école.

4. _____ vérité _____ étonné.

5. Je _____ rencontré avec _____ sœur.

■ **8. Quiz Coche les propositions justes.**

☐ *On* et *ont* peuvent se remplacer par *avaient*.

☐ *As* et *a* peuvent se remplacer par *avais / avait*.

☐ *La* et *l'a* peuvent se remplacer par *les*.

☐ *Là* peut se remplacer par *ici*.

■ **9. Labo des mots Complète les phrases par des homophones de la leçon.**

1. Tu _____ laissé ton sac _____ .

2. Ils _____ réussi un exploit.

3. _____ -tu revu ?

4. Je ne _____ pas remarqué.

5. Je _____ aime beaucoup.

6. _____ entendu.

■ **10.** *Vrai ou faux ?* **Dans chaque phrase, barre la forme fausse.**

1. Je ne l'es / l'ai pas trouvé.

2. Tu ne l'as / l'a pas vu.

3. Ils ont / on tout vu.

4. Tu t'ai / t'es bien débrouillé.

5. Je les / l'ai bien vu.

6. Il ne m'a /ma rien dit.

7. Je ne tes / t'ai pas reconnu.

8. Elle ne t'a / ta pas entendu.

■ **11.** *Devinette* **Barre tous les homophones pour trouver l'énoncé d'une devinette que tu devras résoudre.**

> jeàsuisunafruitontrougel'asavecunl'estnoyauaset
> lesunel'aiqueueonvertelaquionsuislà-je ?

Devinette : ....

....

Réponse : ....

L'accord du participe passé employé avec *être*

■ **12.** *Remue-méninges* **Complète les phrases avec les participes proposés.**

attendu • attendue • trouvé • trouvée • trouvés • tombées

1. Nous n'avons rien ....

2. Les résultats .... sont faux.

3. Les feuilles ne sont pas ....

4. Ils ont .... longtemps sous la pluie.

5. Cette petite clé a été .... sous le lit.

6. Cette sortie est très ....

■ **13.** *Quiz* **Coche les bonnes réponses.**

Le participe passé utilisé :

☐ avec l'auxiliaire *être* s'accorde en genre et en nombre avec le sujet.

☐ sans auxiliaire ne s'accorde pas.

☐ sans auxiliaire s'accorde comme un adjectif.

☐ avec l'auxiliaire *avoir* ne s'accorde jamais avec le sujet.

■ **14.** *Méli-mélo* **Complète les phrases à l'aide des verbes que tu mettras au participe passé et que tu accorderas.**

chanter • ranger • finir • couper • voir • venir • intéresser

1. Ces arbres ont été ....

2. Nous avons .... pour l'anniversaire de Julie.

3. Ils ne sont pas ....

4. Nous avons été très .... par ce film.

5. Le dîner sera-t-il .... à 20 heures ?

6. Les chambres sont bien ....

7. Les enfants n'ont pas .... le film.

■ **15.** *Charade*

Mon premier et **mon quatrième** sont la même note de musique. **Mon deuxième** et **mon troisième** sont des consonnes. **Mon tout** est un participe passé que tu accorderas pour compléter les phrases :

Toutes les données ont été ....

....

Nous n'avons jamais .... *nos données.*

■ **16.** *Pyramide* **Complète cette pyramide avec des participes correspondant aux définitions, puis place chacun dans la phrase qui convient.**

1. Fait par les yeux.

2. Se dit de livres.

3. Contraire de *donné*.

4. Contraire de *partis*.

5. Brisée.

6. Avalées.

7. Réalisé.

a) Cette fenêtre a été ....

b) Le rendez-vous a été ....

c) Nous avons .... un film.

d) Le travail a été bien ....

e) Ces livres n'ont pas encore été ....

f) Les cerises ont été .... par les enfants.

g) Pourquoi sont-ils .... aujourd'hui ?

20 Je sais distinguer les terminaisons *-er, -é, -ais…*

J'observe

Voul**ez**-vous me racont**er** l'histoire qui est arriv**ée** à votre sœur quand elle ét**ait** en vacances ?

Quel est le point commun entre les terminaisons en gras ? ....

Relève celles qui correspondent à des verbes conjugués : ...., **à un infinitif :** ...., **à un participe :** ....

Je retiens

A COMMENT RECONNAÎTRE LA TERMINAISON *-ER* ?

• C'est une terminaison d'**infinitif**. On **remplace** par l'infinitif d'un **autre groupe** : *voir, prendre, pouvoir, dire… Je vais te **raconter** (dire) une histoire.*

B COMMENT RECONNAÎTRE LA TERMINAISON *-É (E) (S)* ?

• C'est une terminaison de **participe passé**. On **remplace** par le participe d'un **autre groupe** : *fini, pris, dit, vendu… Cet événement est **arrivé** (fini) hier.*

C COMMENT RECONNAÎTRE LA TERMINAISON *-EZ* ?

• C'est une forme verbale **conjuguée** à la **2ᵉ personne du pluriel**.

• On **remplace** par la même personne d'un verbe d'un **autre groupe** : *vendez, finissez, partez…*
  *Vous **aimez** (partez) **raconter** (dire) des histoires.*

⚠ Les formes en *-ez* sont souvent précédées du pronom *vous*, mais ce pronom peut aussi précéder d'autres formes ou n'être pas exprimé (ordre).
  *Je n'ai pas **pensé** (pris) à vous **raconter** (dire, et non dites) cette histoire. **Entrez** vite !*

D COMMENT RECONNAÎTRE LES TERMINAISONS *-AI, -AIS, -AIT, -AIENT* ?

• Ce sont des formes **conjuguées** de **passé simple** (*ai* : 1ᵉʳ groupe, 1ʳᵉ pers. du sing.) et d'**imparfait** de n'importe quel groupe. On **remplace** par un autre temps (présent, passé composé).
  *Je me **promenais** (promène, suis promené) tous les matins.*

• Si le sujet est *je* et le verbe du **1ᵉʳ groupe**, on remplace par un verbe du **3ᵉ groupe**.
  *Je le **regardai** (vis) soudain, mais je le **regardais** (voyais) sans arrêt.*

Je m'entraîne

1 **Complète les verbes par *-é* ou *-er*, en indiquant la forme de remplacement utilisée.**

🟨 **1.** Nous avons bien voyag...... (......). • Ils ont décid...... (......) de regard...... (......) un film.

🟧 **2.** Qui t'a parl...... (......) de cela ? • J'ai oubli...... (......) de te donn...... (......) le code.

🟥 **3.** N'as-tu pas oubli...... (......) d'apport...... (......) ton maillot ?

2 Complète les verbes par *-ez, -é, -és* ou *-er*, en indiquant la forme de remplacement utilisée.

🟨 **1.** Vous pens_____ [_____] qu'il est arriv_____ [_____]. • Vous jou_____ [_____] bien, mais il faut rentr_____ [_____].

🟧 **2.** Souri_____ [_____]. • Ils ne sont pas entr_____ [_____] par la bonne porte.
• Je pense vous retrouv_____ [_____].

🟥 **3.** Il vous a confi_____ [_____] ses clés. • Ne rêv_____ [_____]-vous pas de retourn_____ [_____] là-bas ?

3 Complète les verbes en indiquant la forme de remplacement utilisée.

-é   *-er*   *-ai*   *-ais*   *-ait*

🟨 **1.** Tu ne m'écout_____ [_____] pas. • Au lieu de m'écout_____ [_____], tu jou_____ [_____].

🟧 **2.** Il te cherch_____ [_____] depuis longtemps quand il a appel_____ [_____] à la maison.

🟥 **3.** Je lui adress_____ [_____] la parole, étonn_____ [_____] de le rencontr_____ [_____] là.

4 Barre les terminaisons fausses.

🟨 **1.** Ils n'ont pas utilis é / er le four.
• Autrefois, je jou ais / er au football.

🟧 **2.** Ils ne veulent pas all er / és march er / é.
• Ils ont ét é / aient très étonn er / és.

🟥 **3.** Termin er / é ce devoir pour demain me sembl er / ait difficile ; ne trouv ez / er-vous pas ?

5 Complète par une forme du verbe entre parenthèses.

🟨 **1.** Tu ne nous as pas (signaler) _____ qu'il fallait (arriver) _____ si tôt.

🟧 **2.** Vous n'(utiliser) _____ pas le portable que je vous ai (prêter) _____ .

🟥 **3.** Il vous a (confier) _____ ses clés.
• Je (désirer) _____ une glace.

6 Voici une liste de verbes du 1ᵉʳ groupe : utilise-les bien orthographiés pour compléter les phrases.

apprécier • ramasser • appeler • toucher • demander • aider • placer • laisser • pincer

🟨 **1.** Vous devez _____ les feuilles mortes, comme je vous l'avais _____ .

🟧 **2.** Ne _____ pas, vous allez vous _____ ! • J'avais _____ un taxi.

🟥 **3.** _____ -vous bien afin d' _____ le spectacle. • _____ -moi vous _____ .

7 *Je consolide mon orthographe*

Complète avec la bonne finale verbale.

É / ER Nous avons oubli____ de ferm____ la porte. • Ils ont patin____ sur le lac gel____, il ne faut pas les imit____ .

É / ÉS / ÉES Elles n'ont jamais jou____ à ces jeux réserv____ aux petits enfants. • Nous avons achet____ des fleurs coup____ . • Ils se sont regard____ mais n'ont pas parl____ .

ER / EZ / AIT Retourn____ -vous. • Il ne vous regard____ pas. • N'oubli____ pas de vous renseign____ .

ÉS / ER / EZ / AIS / AIENT Où all____ -ils ? • Elles vous apport____ des fruits achet____ au marché.
• Je souhait____ vous emmen____ visit____ un musée, mais vous préfér____ sans doute all____ au cinéma.

AI / AIS Ce jour-là, je me lev____ à 6 heures, alors qu'habituellement je somnol____ jusqu'à 10 heures.

Les types de phrases

J'observe

« Sais-tu qui est Midas ?
– Non, dis-le-moi.
– Midas était roi et avait pour ami le dieu Bacchus. »

Recopie la phrase qui donne une information : ....

Recopie la phrase qui donne un ordre : ....

Recopie la phrase qui pose une question : ....

Je retiens

Il existe trois types de phrases.

A QU'EST-CE QU'UNE PHRASE DÉCLARATIVE ?

• Une phrase déclarative **donne une information** ou **transmet une idée**.

• Elle se termine par **un point**. *Midas était un roi puissant et riche.*

B QU'EST-CE QU'UNE PHRASE IMPÉRATIVE ?

• Une phrase impérative **donne un ordre**, **un conseil**…

• Elle se termine par un **point**.

Écoutez cette légende. Vous ferez cet exercice pour demain. Attention à la marche.

C QU'EST-CE QU'UNE PHRASE INTERROGATIVE ?

• Une phrase interrogative **pose une question**.

• Elle se termine par un **point d'interrogation**.

• Une interrogation peut être **totale** (réponse attendue : oui ou non) ou **partielle**.

Midas est-il l'ami de Bacchus ? (totale) *Qui est ce dieu ?* (partielle)

Remarque : une phrase déclarative ou impérative peut être à la forme exclamative ; elle se termine alors par un point d'exclamation. ▶ fiche 22

Je m'entraîne

1 Indique si ces phrases sont déclaratives (D) ou impératives (I).

🟨 **1.** Nous arriverons vers 17 heures. ....

• Cesse de t'agiter. ....

🟧 **2.** Vous ferez trois fois le tour du stade. ....

• Ils ont fait trois fois le tour du stade. ....

🟥 **3.** Défense d'entrer. ....

• Impossible d'ouvrir cette fenêtre. ....

2 Indique si ces interrogations sont totales (T) ou partielles (P).

🟨 **1.** Pourquoi es-tu en retard ? ....

• As-tu bien joué ? ....

🟧 **2.** Est-ce que tu connais ces personnes ? ...

• Où sont mes lunettes ? ....

🟥 **3.** Combien ce téléphone a-t-il coûté ? ....

• Il n'a toujours pas fini ? ....

3 Réécris ces phrases impératives en utilisant un ou plusieurs autres procédés.

■ **1.** Lisez cette légende pour demain. (1 procédé) ....

....

Pour construire une **phrase impérative,** on peut utiliser l'impératif, l'indicatif présent ou futur, l'infinitif ou une phrase sans verbe.

■ **2.** Tu prendras plutôt cette route. (2 procédés) ....

....

■ **3.** Ne vous penchez pas par la fenêtre. (3 procédés) ....

....

4 Trouve pour chaque phrase déclarative la ou les phrases impératives qui pourraient suivre (il y a plusieurs possibilités).

■ **1.** Il pleut. (1 phrase) ....

■ **2.** Cette pelouse est interdite. (2 phrases) ....

....

Ex : Il y a beaucoup de désordre dans ta chambre. → *Range ta chambre.*

■ **3.** Nous partons en vacances demain matin. (3 phrases) ....

....

....

5 Réécris ces phrases interrogatives : supprime « est-ce que » et fais l'inversion du sujet.

■ **1.** Qu'est-ce qu'elle fait ? ....

• Où est-ce que tu as caché mes clés ? ....

Dans une phrase interrogative, on utilise « est-ce que » ou on inverse le sujet. *Où est-ce que Paul habite ?* → *Où habite Paul ?* ou *Où Paul habite-t-il ?*

■ **2.** Est-ce qu'elle arrive bientôt ? ....

• Qu'est-ce que tes parents ont dit ? ....

■ **3.** Est-ce que le gâteau est cuit ? ....

• Quand est-ce que le film commence ? ....

6 *J'applique pour lire*

Quel service le roi Midas avait-il rendu à Bacchus ? **Il avait délivré Silène, le père nourricier de Bacchus enlevé par des paysans. Bacchus, heureux de retrouver cet être cher, voulut récompenser Midas.**
« Demande-moi ce que tu veux, dit le dieu.
– J'aimerais transformer en or tout ce que je touche », répondit le roi.
Comment s'achève cette histoire ? Le roi Midas ne pouvait plus ni boire ni manger, puisque tout se transformait en or.

a) Indique le type des phrases en gras.

....

b) Souligne en rouge une phrase impérative.

c) Souligne en vert les phrases interrogatives et précise si elles sont totales ou partielles.

....

7 *J'applique pour écrire*

Qu'aurais-tu demandé à Bacchus si tu avais été à la place de Midas ? Justifie ton choix dans un court récit.

Consigne
• 10 lignes
• Au moins 1 phrase impérative
• Au moins 1 phrase interrogative

Chacun son rythme

Coche la couleur que tu as le mieux réussie.

■ Relève de nouveaux défis ! ⟶ exercices 1, 2, p. 66
■ Améliore tes performances ! ⟶ exercices 3, 4, p. 66
■ Confirme ta réussite ! ! ⟶ exercices 5, 6, 7, p. 66

22 Les formes de phrases

J'observe

Jupiter ne manque jamais d'imagination pour s'approcher d'une belle mortelle.
C'est un grand séducteur !

Relève les deux mots qui expriment la négation dans la première phrase. ....

De quel type est la deuxième phrase ? ....

Par quel signe de ponctuation s'achève la deuxième phrase ? ....

Je retiens

A QU'EST-CE QU'UNE PHRASE À LA FORME EXCLAMATIVE ?

- Une phrase exclamative se termine par un **point d'exclamation**.
- Elle exprime une **émotion** ou un **sentiment** (joie, colère, étonnement…).
- Elle **renforce** le sens d'une phrase **impérative** ou **déclarative**. ▶ fiche 21
    Cesse de faire des bêtises ! (impérative) *Quelle histoire étonnante !* (déclarative)

B QU'EST-CE QU'UNE PHRASE À LA FORME NÉGATIVE ?

- Une phrase négative, quel que soit son type, comporte **une négation**.
- Une **négation** comporte toujours **ne** et un autre mot : *ne… pas, ne… plus, ne… jamais, ne… que* (= seulement), *ne… rien , personne… ne, aucun… ne…* (ou *rien ne, personne ne, aucun ne*).
    *Je **ne** l'ai **jamais** vu. **Personne ne** le connaît.*

C QU'EST-CE QU'UNE PHRASE À LA FORME AFFIRMATIVE ?

- Une phrase qui ne comporte **aucune négation** est à la forme affirmative.
    Je l'ai vu. Tout le monde le connaît.

Je m'entraîne

1 **Indique si ces phrases sont déclaratives (D) ou impératives (I).**

- ☐ 1. Il pleut encore ! .... • Tais-toi ! ....
- • Quel exploit ! ....
- ☐ 2. Comme tu as grandi ! ....
- • Ne refais jamais cela ! ....
- • Tu fais attention en traversant ! ....
- ☐ 3. Défense d'entrer ! .... • Que d'émotions ! ....
- • Plus de peur que de mal ! ....

2 **Transforme ces phrases exclamatives en phrases déclaratives ou injonctives.**

- ☐ 1. Quel spectacle extraordinaire ! ....
  ....
- ☐ 2. Défense d'entrer dans ma chambre ! ....
- ☐ 3. Que de surprises pendant le voyage ! ....
  ....

3 Mets ces phrases affirmatives à la forme négative.

Il faut parfois modifier le déterminant article.
Ex : *Je veux un croissant.* ➜ *Je ne veux pas de croissant.*

1. J'aime beaucoup cette robe. ....

2. Je prends des céréales le matin. ....

3. Il y a de l'eau dans mon sac à dos. ....

4 Mets ces phrases impératives ou interrogatives à la forme négative.

Il faut parfois changer le pronom personnel et/ou sa place. **Ex :** *Parle-moi.* ➜ *Ne me parle pas.*

1. Dis-lui la vérité. ....

• Veux-tu venir ? ....

2. Qu'as-tu fait ? ....

• Apportez-leur du pain. ....

3. Fais-moi un café. ....

• Écarte-toi du bord. ....

5 Mets ces phrases à la forme négative de façon à exprimer le contraire.

1. J'ai encore du travail. .... • Elle est toujours là. ....

2. Je les ai tous vus. .... • Elle s'intéresse à tout. ....

3. J'ai vu tous ses films. ....

• J'ai cherché partout. ....

6 Ajoute *n'* dans les phrases négatives.

1. On .... a pas fini. • On .... a tout vu. • On .... apprécie beaucoup cette région.

2. Rien .... a été répété. • On .... est heureux de te voir. • Personne .... est venu.

3. On .... a vu personne. • On .... a repéré aucune trace. • Il .... est nulle part.

7 *J'applique pour lire*

Léda, épouse de Tyndare, roi de Sparte, n'était pas une déesse. Mais elle en avait la beauté ! Aucune activité ne lui semblait plus agréable que la baignade dans les eaux d'un fleuve loin des regards. Jupiter, du haut de l'Olympe l'aperçut et en tomba amoureux. Pour l'approcher, il prit l'apparence d'un cygne glissant sur l'eau du fleuve. Quelle ingéniosité !

a) Souligne en rouge les phrases à la forme négative.

b) Souligne en vert les phrases à la forme exclamative et précise leur type.

....

....

8 *J'applique pour écrire*

Si, comme Jupiter, tu pouvais prendre l'apparence d'un animal, lequel choisirais-tu ? Justifie ton choix.

Consigne
• 10 lignes
• Au moins 2 phrases négatives
• Au moins 1 phrase exclamative

Coche la couleur que tu as le mieux réussie.

Relève de nouveaux défis ! ⟶ exercices 8, 9, p. 67

Améliore tes performances ! ⟶ exercices 10, 11, 12 p. 67

Confirme ta réussite ! ⟶ exercices 13, 14, 15 p. 67

Chacun son rythme

Chacun son rythme

Les types de phrases

1. Quiz Coche les phrases vraies.

☐ Les phrases impératives posent une question.

☐ Les phrases déclaratives transmettent une idée ou une information.

☐ La réponse à une interrogation partielle est « oui » ou « non ».

☐ La réponse à une interrogation totale est « oui » ou « non ».

2. Range-phrases Range par leurs numéros les phrases suivantes.

1. Il a plu toute la journée. • **2.** Rentre directement après le match. • **3.** À quelle heure sont-ils partis ? • **4.** Tu n'oublieras pas de remercier ta grand-mère. • **5.** Les vacances approchent. • **6.** Défense de sortir par ce temps. • **7.** Pourquoi ne réponds-tu pas ?

Déclaratives	
Impératives	
Interrogatives	

3. Chasse aux intrus Barre les phrases qui ont été mal classées.

Déclaratives ➡ Il vient. • Viens. • Nous chantons ensemble • Où est-ce ? • Tout va très bien. • Il ne sortira pas. • Ne t'éloigne pas.

Impératives ➡ Arrêtons. • Sors de là. • Il sort de là. • Ne pas ouvrir cette fenêtre. • Chut ! • Est-ce tout ? • Tu prendras la première à droite.

Interrogatives ➡ Quelle heure est-il ? • Quel beau temps ! • Tu m'accompagnes ? • Que faites-vous ? • Du calme. • Qu'y a-t-il ? • Écoute-moi.

4. Méli-mélo Les interrogations totales et partielles ont été mélangées. Souligne en rouge les interrogations totales et en vert les interrogations partielles.

Où allons-nous ? • Ça va ? • Est-ce que vous avez fini ? • Que dis-tu ? • Comment faire ? • Partez-vous bientôt ? • Est-ce fini ? • Quand irons-nous voir ce film ?

5. Lettres mêlées Remets ces lettres en ordre de façon à retrouver quatre mots interrogatifs, puis utilise-les dans une phrase interrogative de ton choix.

1. T O M N C E M : ....

Phrase : ....

2. E C B I N O M : ....

Phrase : ....

3. O U R Q I U P O : ....

Phrase : ....

4. D A Q N U : ....

Phrase : ....

....

5. I O U Q : ....

Phrase : ....

6. Range-mots Utilise ces mots en désordre pour reconstituer deux phrases interrogatives. L'une sera une interrogation totale et l'autre une interrogation partielle.

rejoindre • est-ce • quand • t • s' • pluie • nous • vous • la • arrêtera • pourrez • que • elle

Interrogation totale : ....

....

Interrogation partielle : ....

....

7. Charade Résous cette charade, complète la phrase interrogative et enfin réponds aux consignes.

Mon premier est une note de musique, **mon deuxième** sert à traverser les cours d'eau. **Mon troisième** est un jeu à six faces qui tient dans la main et **mon tout** est un verbe conjugué à la 2ᵉ personne du pluriel.

Réponse : ....

Phrase interrogative : ....

De quel type est cette interrogation ? ....

Utilise le verbe dans une phrase :

– déclarative : ....

....

– impérative : ....

....

Les formes de phrases

8. *Quiz* **Coche les phrases vraies.**

☐ Une phrase exclamative est impérative ou déclarative.

☐ *Ne* ou *n'* ne sont pas obligatoires dans une phrase négative.

☐ *Ne... que* signifie *seulement*.

☐ Les phrases impératives ne se mettent pas à la forme négative.

9. *Range-phrases* **Classe ces phrases par leur numéro dans la bonne catégorie.**

1. Quelle magnifique soirée !

2. Accélérez !

3. C'est extraordinaire !

4. Et plus vite que ça !

5. Allez, n'aie pas peur !

6. Comme tout a changé !

Déclaratives	
Impératives	

10. *Labo des mots* **Complète ces phrases négatives par une autre négation que** *ne... pas.*

1. Autrefois, je les rencontrais souvent, maintenant je .... les vois ....

2. Alors qu'ils habitent à côté, je .... les vois ....

3. Mes amis devraient être là, mais je .... vois ....

4. J'ai tout préparé et toi tu .... as .... fait.

11. *Chasse aux intrus* **Barre les phrases négatives comportant des erreurs, puis réécris-les correctement.**

1. Il travaille pas bien.

2. Il ne vient pas souvent.

3. Je vois rien.

4. On a même pas eu peur.

5. Elle ne cesse de m'appeler.

6. Est-ce qu'il a pas raté son train ?

....
....
....
....
....
....

12. *Jeu du smiley* **Écris le texte suivant à la forme négative pour lui donner un sens contraire.**

☺ Ce jeu vidéo est passionnant. Il a tout pour plaire. Toutes les étapes sont amusantes, et je gagne toujours.

☹ ....
....

13. *Lettres mêlées* **Remets les lettres entre crochets dans le bon ordre et retrouve des négations complètes.**

1. Ne... [N I E R] ....

2. Ne... [N E P S E N O R] ....

3. Ne... [A S I A M J] ....

4. Ne... [U N U A C] ....

14. *Remue-méninges* **Mets ces phrases à la forme négative sans en changer le sens, mais en utilisant un mot de sens contraire.**

Ex : C'est bien. ➜ Ce n'est pas mal.

1. Il est gentil. ....
....

2. Il reste toujours chez lui. ....
....

3. Elle accepte tout le monde. ....
....

4. Tu sais tout. ....
....

15. *Méli-mélo* **Mets ces éléments dans l'ordre pour reconstituer trois proverbes à la forme négative.**

qui ne • sans feu • il ne faut • fumée • tente • de rien • rien • jurer • n'a rien • il n'y a • pas de.

Proverbe 1 : ....
....

Proverbe 2 : ....
....

Proverbe 3 : ....
....

23 Les phrases simples et complexes

J'observe

J'aime la mythologie. Ovide est l'auteur que je préfère.

Combien y a-t-il de phrases ? ....

Comment commencent-elles et comment se terminent-elles ? ....

Combien y a-t-il de verbes dans la deuxième phrase ? ....

Je retiens

A COMMENT RECONNAÎTRE UNE PHRASE ?

- Une phrase se compose d'**un ou plusieurs mots** qui **font sens**.
- Elle commence par une **majuscule**, se termine par une **ponctuation forte** (**. ? !**) et comporte au moins un **verbe conjugué**.

    J'aime *la mythologie.*

B QU'EST-CE QU'UNE PHRASE SIMPLE ?

- Une phrase simple ne comporte qu'**un seul verbe conjugué**.

    Ils *sont partis* *très tôt ce matin.*

C QU'EST-CE QU'UNE PHRASE COMPLEXE ?

- Une phrase complexe comporte **au moins deux verbes conjugués**.
- On appelle **proposition** l'ensemble des mots qui se rattachent au **même verbe** conjugué.

    *[Je l'***ai appelé*** hier,] [mais il n'***était*** pas là.]*

    1ʳᵉ proposition   2ᵉ proposition

- Les propositions peuvent être **séparées** par une **ponctuation faible** (**, ; :**) ou **reliées** par une **conjonction de coordination** ou un **adverbe** *(et, mais, donc, ensuite…).*

    *[Il est arrivé en courant,] [a retiré son manteau] [***et*** s'est assis parmi nous.]*

- Certaines propositions sont **introduites** par que, qui, quand, comme… et n'ont pas de sens isolées du reste de la phrase ; on les appelle **propositions subordonnées**.

    J'ai lu un livre <u>***qui*** m'a beaucoup intéressé.</u>

Je m'entraîne

1 Souligne les verbes conjugués, puis coche la bonne réponse.

	PHRASE SIMPLE	PHRASE COMPLEXE
1. Molière critique souvent les médecins.	☐	☐
2. Molière amuse les spectateurs mais les fait aussi réfléchir.	☐	☐
3. Les médecins qui apparaissent dans ses pièces sont ridicules.	☐	☐

2 Délimite les propositions et entoure le mot ou la ponctuation qui les sépare.

▪ **1.** Nous vous attendrons, ce n'est pas la peine de vous presser.

▪ **2.** Ce chien est très gros mais il n'est pas méchant : il n'a jamais mordu personne.

▪ **3.** Nous avons visité la ville ensuite nous sommes rentrés lorsqu'il a commencé à pleuvoir.

3 Transforme ces couples de phrases simples en une phrase complexe
ou les phrases complexes en une phrase simple.

▪ **1.** Il est arrivé vers midi. Il est reparti à seize heures. ....
....

▪ **2.** Je vais t'aider à ranger avant que tu partes. ....
....

▪ **3.** Dépêche-toi de rentrer, il est tard. ....
....

Tu peux ajouter
et supprimer
des mots.

4 Utilise les noms proposés de façon à obtenir les phrases demandées.

▪ **1.** PHRASE SIMPLE courses / supermarché / matin
....

▪ **2.** PHRASE COMPLEXE : 2 PROPOSITIONS soir / théâtre / amis / retard
....

▪ **3.** PHRASE COMPLEXE : 3 PROPOSITIONS plage / baignade / volley-ball / orage / maison
....
....

5 Ajoute une proposition à ces subordonnées pour qu'elles aient un sens.

▪ **1.** .... qui s'appelle « Pussy ».

▪ **2.** .... quand il pleut.

▪ **3.** .... pour que tu ne t'ennuies pas.

6 *J'applique pour lire*

Enfin, Dédale a terminé son ouvrage. [Il se place entre les deux ailes, parvient à équilibrer son corps et se balance dans les airs.] Puis il s'adresse à son fils et lui donne quelques conseils : « Quand tu voleras, Icare, maintiens-toi au milieu du ciel. Si tu descends trop bas, l'eau alourdira tes plumes. Si tu montes trop haut, le soleil les brûlera. »

a) Relève une phrase simple : ....
....

b) Délimite par un trait les propositions dans la phrase entre crochets. Combien y en a-t-il ? ....

c) Dans le passage entre guillemets, combien y a-t-il de phrases ? ....
Souligne les propositions subordonnées.

7 *J'applique pour écrire*

Imagine que toi aussi tu as le pouvoir de voler.
Raconte ce que tu feras en priorité.

Consigne
• 5 lignes
• 2 phrases simples
• 2 phrases complexes

Chacun son rythme

Coche la couleur que
tu as le mieux réussie.

▪ Relève de nouveaux défis ! ⟶ **exercices 1, 2, p. 74**

▪ Améliore tes performances ! ⟶ **exercices 3, 4, p. 74**

▪ Confirme ta réussite ! ⟶ **exercices 5, 6, p. 74**

24 Les groupes de mots à l'intérieur d'une phrase

J'observe

Il y a bien longtemps, le fleuve Pénée eut une fille. Celle-ci s'appelait Daphné.

Ces deux phrases sont-elles simples ou complexes ? ....

La première phrase conserve-t-elle un sens si tu supprimes le groupe souligné ? ....

Peux-tu supprimer un mot dans la deuxième phrase ? ....

Je retiens

A LES ÉLÉMENTS ESSENTIELS D'UNE PHRASE SIMPLE

Les éléments essentiels constituent la **phrase minimale**. Ils dépendent du **sens du verbe**.
- **Sujet + verbe d'action** ou **verbe d'action à l'impératif** : *Ma sœur arrive. Viens !*
- **Sujet + verbe d'état + attribut du sujet** : *Le ciel est **bleu**.* ▶ fiche 26
- **Sujet + verbe d'action + complément(s) d'objet** (COD, COI) : *J'ai fait **un rêve**.* ▶ fiche 28

B LES AUTRES ÉLÉMENTS D'UNE PHRASE SIMPLE

- **Complément(s) circonstanciel(s)** qui renseigne(nt) sur les circonstances de l'action. ▶ fiche 29
  *Ce matin, j'ai rangé ma chambre **avec soin**.* ➝ On peut **supprimer** ou **déplacer les compléments**, la phrase conserve un sens.

Je m'entraîne

1 Barre les groupes qui ne peuvent pas constituer une phrase.

- 🟨 **1.** Viens. • Chante. • As fini. • Il a.
- 🟧 **2.** Sors. • Tu es. • Nous avons dormi. • Nous faisons. • Marchent.
- 🟥 **3.** Il vient. • Sois. • Nous sommes. • Chantes. • Arrêtons.

> Les deux éléments d'un **temps composé** peuvent être séparés par un mot.

2 Souligne le verbe conjugué et délimite par un trait les groupes qui constituent ces phrases.

- 🟨 **1.** Le stade est grand. • Je rentre de la plage.
- 🟧 **2.** Je l'ai rencontré au marché. • Je n'ose pas entrer. • Nous n'avions pas fini le repas.
- 🟥 **3.** Où l'avez - vous vu ? • As - tu déjà essayé de sauter en parachute ? • Il a été surpris par l'orage.

3 Complète les phrases avec les groupes de mots proposés.

ont organisé • un rhume • votre parapluie • un film • très contents • avons fait des courses • vos affaires • les enfants • mes amis • vous

- 🟨 **1.** Nous sommes .... • Prenez .... • Ils ont attrapé ....
- 🟧 **2.** .... avez oublié .... • .... ont regardé ....
- 🟥 **3.** .... une grande fête. • Ma sœur et moi ....

4 Précise si les groupes soulignés sont attributs du sujet ou compléments d'objet.

Vérifie si le verbe est d'**état** ou d'**action**.

	ATTRIBUT DU SUJET	COMPL. D'OBJET
1. Elle est <u>grande</u>.	☐	☐
2. Elle prend <u>ses clés</u>.	☐	☐
3. Ils se souviennent <u>de toi</u>.	☐	☐
4. Il semble <u>joyeux</u>.	☐	☐
5. Cette histoire paraît <u>invraisemblable</u>.	☐	☐
6. Elle croit <u>que tu n'es pas rentrée</u>.	☐	☐

5 Souligne les compléments d'objet.

1. Cette route traverse le village.
• Il a mangé tous les gâteaux.

2. Il prend des céréales tous les matins.
• Chris a dit la vérité à sa mère.

3. Louise a aidé son frère à ranger.
• Il a changé d'idée hier.

6 Barre les compléments circonstanciels.

1. Ce matin, nous avons travaillé.
• J'ai cueilli des fleurs dans mon jardin.

2. Autrefois, à cet endroit, on avait installé une aire de jeux.

3. Ici, très souvent, les pluies sont abondantes en automne et en hiver.

7 Ajoute le nombre de compléments circonstanciels demandé.

1. `2 COMPL.` .... ils ont acheté une nouvelle maison ....

2. `2 COMPL.` .... on a aperçu un animal ....

3. `3 COMPL.` .... ils voyagent ....

8 *J'applique pour lire*

Pyrame était <u>un beau jeune homme</u>, sa voisine s'appelait Thysbé. Très vite, ils tombèrent amoureux. [Au fil du temps, leur amour grandit.] Ils voulaient <u>se marier</u>, malheureusement leurs pères ne voulaient pas. Ils ne pouvaient pas se parler, ils y parvinrent cependant grâce à une fissure dans le mur qui séparait leurs deux maisons.

a) Délimite les groupes qui constituent la 2ᵉ phrase.

b) Quel complément circonstanciel peux-tu supprimer dans la phrase entre crochets ? ....

c) Quelle phrase ne comporte aucun complément circonstanciel ? ....

d) Barre la proposition fausse :
Le 1ᵉʳ groupe souligné est : COD / attribut du sujet.
Le 2ᵉ groupe souligné est : COD / attribut du sujet.

9 *J'applique pour écrire*

À ton tour, raconte une ruse qui t'a permis de faire quelque chose qui te tenait à cœur.
Tu peux écrire à la 1ʳᵉ ou à la 3ᵉ personne.

Consigne
• 5 lignes
• 2 compléments circonstanciels
• 1 COD

Chacun son rythme

Coche la couleur que tu as le mieux réussie.

■ Relève de nouveaux défis ! ⟶ **exercices 7, 8, 9, p. 75**
■ Améliore tes performances ! ⟶ **exercices 10, 11, 12, p. 75**
■ Confirme ta réussite ! ⟶ **exercices 13, 14, p. 75**

Comment reconnaître et utiliser les mots invariables ?

Savoir reconnaître et utiliser les mots invariables permet de construire des phrases correctes.

Je sais reconnaître et utiliser les prépositions

- Les prépositions introduisent un **complément**.
- Elles se rencontrent devant un **nom** ou un **GN**, un **pronom**, un **verbe à l'infinitif**.
- Les **principales prépositions** sont : *à, de (d'), par, pour, dans, avec, sans, chez, avant, après, pendant, vers, au milieu de, grâce à… Mes chaussures **de** sport sont bleues. Je rentre **chez** moi. Entre **pour** te réchauffer.*

Je vérifie que j'ai bien compris

1 Souligne les prépositions contenues dans ces phrases.

1. Dans cette maison, la salle de bains se trouve à droite de la porte d'entrée.

2. Avant de partir, n'oublie pas d'emporter tes affaires de sport rangées dans le placard.

3. Grâce à toi, j'ai pu assister à ce concert avec ma sœur.

Je sais reconnaître et utiliser les conjonctions

- Il existe **sept conjonctions de coordination** : *mais, ou, et, donc, or, ni, car.*
- Elles relient des **mots**, groupes de mots ou **propositions**. *Une pomme **et** une poire.*
- Les **conjonctions de subordination** introduisent une **proposition subordonnée conjonctive** : *que, quand, comme, lorsque, puisque, pour que, parce que… J'espère **que** tu seras là. **Puisque** tu insistes, nous viendrons.*

Je vérifie que j'ai bien compris

2 Souligne en bleu les conjonctions de coordination et en rouge les conjonctions de subordination.

1. Je prendrai le train ou l'avion, mais je serai là lorsque la fête commencera.

2. Elles ne viendront ni aujourd'hui ni demain parce qu'elles ont du travail.

3. Nous apporterons le dessert et la boisson pour que tu n'aies pas trop de travail.

Je sais reconnaître et utiliser les adverbes

- Les adverbes **précisent** ou **modifient** le **sens** d'un mot ou d'une proposition.
- Ils peuvent exprimer le **lieu** (*ici, là…*), le **temps** (*hier, ensuite, bientôt…*), la **cause** (*en effet…*), la **manière** (*bien, follement…*), l'**intensité** (*très, tant…*), la **négation** (*ne… pas, ne… jamais…*), l'**opinion** (*sans doute, peut-être, certainement…*), l'**interrogation** (*comment, pourquoi…*). *Je **ne** suis **jamais** allée **là**.*

Je vérifie que j'ai bien compris

3 Souligne les adverbes contenus dans ces phrases.

1. Aujourd'hui, nous sommes très pressés : en effet, nous devons partir tôt pour ne pas rater notre train.

2. Combien coûte cette robe que tu m'as gentiment prêtée ?

3. D'abord, nous déposerons nos affaires, ensuite, nous nous équiperons soigneusement, puis nous partirons pour cette randonnée si difficile.

À RETENIR

- Les **prépositions** introduisent un complément.
- Les **conjonctions** relient des mots ou introduisent une proposition subordonnée.
- Les **adverbes** précisent ou modifient le sens d'un mot ou d'une proposition.

4 Dans chaque liste, barre les deux intrus.

1. **Prépositions :** à • chez • par • sous • sur • bien • avec • dans • quand • vers • après
2. **Conjonctions de coordination :** mais • ou • hors • ni • donc • or • où • et
3. **Conjonctions de subordination :** quand • que • parce que • souvent • afin que • si bien que • puis
4. **Adverbes :** ne… pas • parfois • de • vraiment • enfin • comme • tellement • rarement

5 Relie les mots invariables à la classe grammaticale correcte.

1. soudain •
2. pour •
3. pour que •
4. mais •
5. maintenant •
6. sans •
7. encore •
8. parmi •
9. avant que •

• **préposition**
• **adverbe**
• **conjonction de coordination**
• **conjonction de subordination**

6 Complète les pointillés avec une conjonction de coordination.

1. J'ai mangé une crêpe .... j'ai bu un soda.
2. Je n'ai pas aimé ce film .... le livre qui l'a inspiré.
3. Veux-tu un gâteau .... préfères-tu une glace ?
4. Je n'ai pas entendu la sonnette .... je n'ai pas ouvert la porte.
5. Nous ne sortirons pas .... il fait trop froid.

7 Complète les pointillés avec une des prépositions proposées.

à cause de • près de • jusqu'à • devant • par • dans

1. Place-toi .... moi, tu verras mieux.
2. Je t'attendrai .... sept heures, pas plus.
3. Comme elle était assise .... moi, nous avons bien discuté.
4. J'avais oublié mes clés, alors je suis passée .... la fenêtre qui était ouverte.
5. Regarde .... cette armoire, les draps doivent s'y trouver.
6. La sortie a été annulée .... la pluie.

8 Complète les pointillés avec un des adverbes proposés.

gentiment • ne… pas • très tôt • toujours • demain • aujourd'hui • rarement • ne… jamais • tellement

1. .... faites .... de bruit : votre petit frère dort.
2. ...., nous partirons ...., mais ...., nous devons boucler les valises.
3. J'ai .... de travail que je suis épuisée.
4. Demande-lui .... de t'aider, il le fera.
5. Il pleut .... dans cette région, le climat est sec.
6. Elle écoute .... de la musique en travaillant.
7. Je .... lis .... de romans policiers.

9 Bilan

Vulcain était le fils de Junon **et** Jupiter. Il était en bonne santé **mais** très laid. Ses parents, furieux, le précipitèrent violemment de l'Olympe. Il atterrit sur l'île de Lemnos avec une jambe cassée **et** resta boiteux. **Mais**, ensuite, il devint un artisan d'une très grande habileté. Il forgea les armes des dieux **et** offrit à chacun un fauteuil mobile. Pour Junon, il imagina un trône extraordinaire. Lorsque la déesse y prit place, des liens invisibles l'enlacèrent inexorablement. **Donc**, pour la délivrer, Jupiter rappela Vulcain qui demanda en échange de cette libération le mariage avec la plus belle des déesses : Vénus !

a) **Quelle est la classe grammaticale des mots invariables en gras et du mot en rouge ?**

....
....
....
....

b) **Souligne en bleu les douze prépositions.**

c) **Souligne en vert les six adverbes.**

Chacun son rythme

Les phrases simples et complexes

1. *Chasse aux intrus* Barre les groupes de mots qui ne sont pas des phrases.

1. Ils ne nous ont pas reconnus.
2. Route de campagne.
3. Je crois que nous serons en retard.
4. Rouge vif et vert pomme.
5. Longtemps attendu.
6. Où allez-vous ?

Comment reconnais-tu les phrases ? Donne deux indices.

....

....

....

2. *Range-phrases* Souligne en bleu les phrases simples et en rouge les phrases complexes.

1. Nous avons passé une excellente journée.
2. Reste là et écoute-moi.
3. Je pense qu'il n'est pas trop tard.
4. J'ai douze ans aujourd'hui.
5. Où cours-tu ainsi ?

Comment fais-tu pour distinguer les phrases simples des phrases complexes ?

....

....

3. *Quiz* Coche la ou les phrases justes.

☐ Une phrase simple peut comporter deux verbes conjugués.

☐ Une phrase complexe est toujours plus longue qu'une phrase simple.

☐ Une phrase complexe comporte deux ou plusieurs verbes conjugués.

☐ Une phrase complexe comporte au moins deux propositions.

4. *Méli-mélo* Retrouve quatre mots afin de compléter la phrase. (Tu peux lire dans tous les sens et utiliser plusieurs fois la même lettre.)

W	T	O	U	T	D
M	O	N	D	E	N
V	E	H	H	I	E
C	J	O	T	N	T
M	R	N	G	E	T
S	K	V	B	H	A

Phrase : .... le ....

Est-ce une phrase simple ou complexe ? ....

5. *Lettres mêlées* Remets ces lettres en ordre pour retrouver les phrases. Souligne les phrases simples et délimite les propositions dans les phrases complexes.

1. EC LIMF IATET SRET UBAE.

....

2. NOT TCAEL TES TAIFDE.

....

3. HERI, LI TUVALPEI, SONU SNOAV EUJO AXU STECRA.

....

6. *Charades* Résous les charades pour trouver les trois mots qui te permettront de compléter la phrase.

1. **Mon premier** est présent dans toutes les phrases. On dort sur **mon deuxième**, on respire **mon troisième** et **mon tout** est le 1er mot.

Réponse : ....

2. **Mon premier** est une lettre avec un accent. **Mon second** est un son provoqué par la peur ou la douleur et **mon tout** est le 2e mot.

Réponse : ....

3. **Mon premier** est le petit de la vache. **Mon second** est le contraire de *rapide*. **Mon tout** est le 3e mot.

Réponse : ....

Phrase : .... a ....
Le Médecin ....

Les groupes de mots à l'intérieur d'une phrase

7. *Chasse aux intrus* **Barre les verbes qui ne peuvent pas constituer une phrase.**

Viens. • Regarde. • A fait. • Rentrons. • Suis. • Entrez. • Attends. • N'a pas. • Faire. • Joue. • Ne reviens pas.

8. *Vrai ou faux ?* **Coche les propositions justes.**

☐ Une phrase comporte au moins deux mots.

☐ Une phrase peut être constituée d'un seul mot.

☐ Un verbe est souvent complété par un ou plusieurs compléments.

☐ On ne peut pas supprimer les compléments circonstanciels.

9. *Range-mots* **Place les mots correctement pour compléter les phrases.**

on • regardent • le loup • ce jeu • faisons partie

1. Les enfants .... la télévision.

2. .... va à la plage.

3. Julie et moi .... du même groupe.

4. .... est dangereux.

5. Le petit chaperon rouge a rencontré ....

10. *Remue-méninges* **Souligne les phrases qui ont un sens, et précise à côté de chaque phrase incomplète l'élément manquant.**

1. Ils ont bien travaillé. ....

2. Est très beau. ....

3. Nous avons envoyé. ....
....

4. Viens vite. ....

5. A parcouru 10 kilomètres. ....
....

11. *Méli-mélo* **Remets ces mots dans l'ordre de façon à retrouver deux phrases. Délimite ensuite par un trait les groupes qui les constituent.**

la • à • soleil • conduit • l' • plage • route • se • ouest • le • couche • cette • à

1. ....

2. ....

12. *Jeu du pendu* **Retrouve les compléments d'objet manquants (une lettre par tiret).**

1. Il a oublié S __ N P _ _ _ _ _ _ _ _ _ _ _ E.

2. Il ne pense jamais à C _ _ _ _ _ _ _ _ R S __ N
B _ _ _ _ T.

3. Nous participons au C _ _ _ _ _ _ _ _ _ T.

13. *Charade*

Mon premier est le petit de la vache. **Mon deuxième** est le contraire de *court*. **Mon troisième** est notre planète. **Mon quatrième** ne dit pas la vérité.

Mon tout est un complément circonstanciel qui complétera la phrase ci-dessous.

Il a pris la mauvaise route ....
....

14. *Pyramide* **Complète la pyramide à l'aide des définitions, puis utilise les mots trouvés pour compléter les phrases inachevées. (Tu devras parfois ajouter un déterminant.)**

1. synonyme d'*ici*

2. animal aux longues oreilles

3. brille la nuit

4. contraire de *campagne*

5. plus petit qu'une route

6. les parents plus les enfants

7. sport qui se pratique dans l'eau

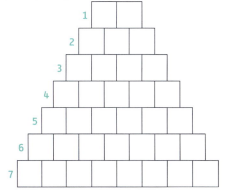

Surligne ensuite en jaune les compléments d'objet et en rose les compléments circonstanciels.

a) Ne me demande pas de décrocher ....

b) Prends .... et viens ....

c) Nous avons fait nos courses ....

d) Il nous a présenté ....

e) Nous avons fait une promenade ....

f) Je pratique ....

Le sujet et l'accord sujet-verbe

J'observe

Les enfants jouent. • Je viendrai te voir demain.

Relève les verbes conjugués : ....

Qui fait l'action exprimée par ces verbes ? ....

Je retiens

A COMMENT RECONNAÎTRE UN SUJET ?

• Le sujet indique **de quoi** ou **de qui on parle** dans la phrase.
Pour le trouver, on pose la question « *qui* ou *qu'est-ce qui* + verbe ? ».

> *Orphée épouse Eurydice.* (Qui épouse Eurydice ?)
> *La maison semble déserte.* (Qu'est-ce qui semble désert ?)

• Il est **obligatoire** avec un verbe conjugué (sauf à l'impératif) et ne peut **pas être supprimé** (fonction essentielle).

• Il est souvent placé **avant** le verbe, mais peut être **inversé** (question, dialogue…).

> *Pierre et Paul appellent leur chien. – Où vas-tu ?, demande-t-il.*

B COMMENT ACCORDER UN VERBE CONJUGUÉ AVEC SON SUJET ?

• Le verbe s'accorde **en nombre** et **en personne** avec **son sujet**.

> *Il va. Nous allons. Les enfants jouent.*

C LES CLASSES GRAMMATICALES DU SUJET

• **Nom** ou **groupe nominal** : *Ma petite sœur arrive.*
• **Pronom personnel** : *Elle apporte son goûter.*
• **Verbe** ou **groupe infinitif** : *Dormir toute la journée me ferait plaisir.*
• **Proposition subordonnée** introduite par *que* : *Qu'il soit déjà arrivé m'étonne.*

Je m'entraîne

1 Souligne le ou les sujets dans les phrases.

■ **1.** Nous sommes arrivés à 8 heures.
• Les enfants jouent sur la plage.

■ **2.** Ce matin, le temps était ensoleillé.
• Partir en voyage est une bonne idée.

■ **3.** Où vont-ils ? • Qu'il n'ait pas été blessé est le plus important.

2 Barre le ou les sujets qui ne conviennent pas.

■ **1.** Je / tu / elle **connais le chemin**.
• Elle / Julie et Léa / ils **sont là**.

■ **2.** **Que prends**-tu / il / elle ?
• **Où vont** tous ces bateaux / ils / Jules et toi ?

■ **3.** Lui et moi / nous / ils **sont les premiers**.
• Mon frère et moi / ma sœur et lui / ils **travaillent au même endroit**.

Repère les **verbes de parole** et les **phrases interrogatives** !

3 Souligne tous les sujets et encadre les sujets inversés.

■ **1.** Où allez-vous ? • Tout le monde était d'accord. • Ton pull et le mien sont identiques.

■ **2.** « Je suis fatiguée », déclara Julie. • Où sont passées mes clés ? • Lire est mon passe-temps favori.

■ **3.** Autrefois, ici, se trouvait un château où séjourna Louis XIV .

4 Souligne les sujets et encadre ceux qui sont des pronoms personnels.

■ **1.** Le dieu paraît, il ne prononce pas une parole. Cette attitude étonne tout le monde.

■ **2.** Ces histoires sont intéressantes et amusantes. Lesquelles préférez-vous ?

■ **3.** Lui et moi avons longtemps été amis ; quitter nos amis nous a rendus tristes.

5 Accorde les verbes avec leur sujet.

Le sujet ne se trouve **pas toujours** juste **devant** le verbe !

■ **1.** Ce pantalon et cette veste appartenai......... à mon père ; je les reconnai........

■ **2.** Travaille........-tu toujours autant ? • Ils nous présenteron........ leur exposé.

■ **3.** Lui et moi voyageron........ dans le même train. • Où se range........ ce plat et cette assiette ?

6 Souligne les sujets inversés, puis classe les numéros des phrases.

■ **1.** Que fais-tu ?

■ **2.** Arrivera-t-il à temps ?

■ **3.** « Que vous êtes joli ! », déclara le renard.

■ **4.** « À huit heures », me répond-il.

■ **5.** Ce jour-là commença l'aventure.

■ **6.** C'est en automne que tombent les feuilles.

verbe de parole (dialogue)	....
phrase interrogative	....
inversion non obligatoire	....

7 **J'applique pour lire**

Eurydice **court** dans une prairie, un serpent la **mord** au pied et elle **rend** le dernier souffle. Orphée pleure et décide d'aller supplier Perséphone et Pluton, les souverains des Enfers ; il effleure les cordes de sa lyre et se met à chanter. Tandis que résonnent ses paroles et que les accords de sa lyre se mêlent à sa voix, les ombres des morts pleurent autour de lui et voici que s'immobilisent pour l'écouter tous les criminels enfermés dans le Tartare.

a) Indique le sujet des trois verbes en gras et précise leur classe grammaticale.

court : ....

mord : ....

rend : ....

b) Quel pronom personnel est sujet de deux verbes ? ....

....

c) Encadre, dans la dernière phrase, deux verbes dont le sujet est inversé, puis souligne les sujets.

8 **J'applique pour écrire**

Eurydice est victime d'une piqûre de serpent. À ton tour, fais le récit d'un accident survenu au cours d'une promenade ou d'un jeu.

Consigne
• 5 lignes
• 4 verbes conjugués

Chacun son rythme

Coche la couleur que tu as le mieux réussie.

■ Relève de nouveaux défis ! ➔ exercices 1, 2, 3, p. 80

■ Améliore tes performances ! ➔ exercices 4, 5, 6, p. 80

■ Confirme ta réussite ! ➔ exercices 7, p. 80 et 8, p. 81

26 L'attribut du sujet et son accord avec le sujet

Arachné était une jeune fille très habile.

Le verbe de cette phrase est-il un verbe d'action ou d'état ? ....

Relève le groupe qui nous renseigne sur Arachné : ....

Je retiens

A QU'EST-CE QU'UN ATTRIBUT DU SUJET ?

- L'attribut du sujet **donne des renseignements** sur le sujet : qualité, défaut, métier, nom…
- Il ne peut **pas être supprimé** (fonction essentielle).
    *Ma sœur est **médecin**. Minerve est **jalouse**.*
- Il se rencontre souvent **après les verbes d'état** : *être, paraître, sembler, avoir l'air, passer pour…*
    *Elle <u>semble</u> **joyeuse**. Il <u>passe pour</u> **un menteur**.*
- Il se rencontre aussi **après d'autres verbes** comme *rester, demeurer, s'appeler, tomber, vivre…*
    *Il <u>reste</u> **calme**. Il <u>s'appelle</u> **Jupiter**. Il <u>est tombé</u> **amoureux**. Ils <u>vécurent</u> **heureux**.*

B COMMENT ACCORDER L'ATTRIBUT DU SUJET ?

- L'attribut s'accorde **en genre** et **en nombre** avec le **sujet**.
    *<u>Les enfants</u> sont **grands**.* (masculin pluriel)   *<u>Sandrine</u> est **infirmière**.* (féminin singulier)

C LES CLASSES GRAMMATICALES DE L'ATTRIBUT DU SUJET

- **Nom** ou **GN** : *Athéna est **une déesse intelligente**.*
- **Adjectif qualificatif** : *Ses mains étaient **agiles**.*
- **Pronom personnel** : *Ma préférée, c'est **elle**.*
- **Verbe à l'infinitif** ou **groupe infinitif** (parfois introduit par *de*) : *Mon rêve est **de voyager**.*

Je m'entraîne

1 Souligne les attributs du sujet.

■ **1.** Minerve est une déesse. • Arachné est une jeune brodeuse. • Elle semble habile.

■ **2.** Le père de Minerve s'appelle Jupiter. • Arachné passe pour la meilleure brodeuse de Lydie.

2 ■ Souligne les attributs du sujet et barre les phrases qui n'en contiennent pas.

Son souhait est d'être la meilleure. • Elle espère rivaliser avec Minerve. • Elle est arrivée toute contente. • La foule admire ses mains agiles. • Arachné est devenue une araignée.

Les attributs du sujet donnent toujours **des renseignements** sur le sujet.

3 Complète ces phrases par un des attributs du sujet proposés.

grand   étonnante   un grand acteur   Jules   de dormir   lui

1. Ton histoire semble .... • Mon petit frère s'appelle ....

2. Il paraît .... • Le vainqueur, c'est ....

3. Son père passait pour .... • Mon plus grand désir est ....

4 Accorde les attributs du sujet entre parenthèses.

1. Mes animaux préférés sont (le cheval) ....

2. Ces petits chats sont (noir) ...., mais leur mère est (blanc) ....

3. Sa sœur est (un excellent acteur) .... et ses frères sont
(un agent réputé) ....

5 Souligne les attributs du sujet et classe-les.

1. Arachné était orgueilleuse.
• Minerve était la déesse des artisans.

2. Contempler ses toiles était un vrai plaisir.
• Elle semblait habile.

3. Le plus important pour elle était
de dépasser Minerve. • Les meilleurs, ce sont
eux. • Sa famille vivait heureuse en Lydie.

Nom ou GN	Adjectif qualificatif
....	....
....	....
....	....

Pronom	Infinitif
....	....
....	....

6 Complète par un attribut du sujet de la classe grammaticale indiquée.

1. Ce devoir m'a semblé **ADJECTIF** ....

2. Cet élève est considéré comme **GN** ....

3. Le mieux est **INFINITIF OU GROUPE INFINITIF** ....

7 *J'applique pour lire*

Arachné a battu la déesse lors d'un concours de broderie.
Minerve était <u>furieuse</u>, elle frappa la jeune fille et
l'aspergea d'un liquide verdâtre : c'était un poison ;
aussitôt **disparurent** les cheveux, le nez et les oreilles, le
corps devint tout <u>petit</u>, et bientôt elle devint une araignée.

a) Indique la fonction des adjectifs
soulignés : ....
....
....

b) Relève un nom attribut du sujet :
....

c) Encadre les sujets du verbe en gras.

8 *J'applique pour écrire*

Imagine que, comme Minerve, tu as le pouvoir de transformer un
être humain en animal. Indique qui tu transformerais, quel animal
tu choisirais et pourquoi.

Consigne
• 4 phrases
• 2 attributs du sujet

Chacun son rythme

Coche la couleur que tu as le mieux réussie.
Relève de nouveaux défis ! → exercices 9, 10, p. 81
Améliore tes performances ! → exercices 11, 12, 13, p. 81
Confirme ta réussite ! → exercices 14, 15, 16, p. 81

Chacun son rythme

Le sujet et l'accord sujet-verbe

1. Cache-cache Barre les mots en gras qui ne sont pas sujets.

1. **Demain**, **nous** partirons très tôt.

2. **Combien** sont-**ils** ?

3. **Ce soir**, **mes amis** sont arrivés.

4. **Le soir** est le meilleur moment de la journée.

5. **Dans ce château**, **la vaisselle** était en or.

Comment reconnais-tu les sujets ?

....
....
....

2. Quiz Coche la ou les bonnes réponses.

Le sujet : ☐ est le premier mot de la phrase.

☐ est toujours placé avant le verbe.

☐ est parfois inversé.

☐ indique souvent qui fait l'action.

3. Méli-mélo Complète le début des phrases avec le verbe et le sujet qui conviennent.

SUJETS les deux nouvelles élèves • mon frère et moi • tu • je • vous • Sindbad

VERBES est • ont l'air • jouons • vais • avez répondu • ressembles

1. .... trop vite.
2. .... gentilles.
3. .... au foot.
4. .... à ta mère.
5. .... un personnage des *Mille et une nuits*.
6. .... au marché.

4. Charade

Mon premier dure 60 minutes. **Mon deuxième** est la 9ᵉ lettre de l'alphabet. **Mon troisième** est un chiffre. **Mon tout** est le sujet de cette phrase :

.... *fut mordue par un serpent*.

5. Lettres mêlées Remets les lettres dans l'ordre pour retrouver le sujet des phrases.

1. E C T E T   E S O B U S L O .... m'a permis de retrouver mon chemin.

2. Où vivaient S E L   S M O H E M   S H T P O U E R S E I I Q R

....
.... ?

6. Remue-méninges Complète les phrases avec les sujets de la liste. Donne toutes les possibilités.

vous • elles • mon frère et moi • toutes les deux • nous • Paul et toi

1. ....
sont entièrement d'accord.

2. ....
ne pourrons pas venir vous voir.

3. ....
dites toujours la vérité.

7. Pyramide Complète cette pyramide à l'aide de sujets adaptés aux phrases proposées. Attention, il y a parfois plusieurs possibilités !

1. … a beaucoup travaillé.
2. Un … a de longues oreilles.
3. … sommes arrivés en retard.
4. Les … grecs habitaient l'Olympe.
5. … charmait les ombres des morts.
6. Un … mordit Eurydice au pied.
7. Ainsi s'acheva l'… .
8. L' … a surpris tout le monde.

8. Lettres mêlées Remets les lettres dans l'ordre pour retrouver les sujets des phrases.

1. **3 MOTS** UTELILELE

➜ .... sont dans le même groupe.

2. **4 MOTS** TEANISLTEPOTESR

➜ .... arriverez plus tard.

3. **6 MOTS** ACSEUMNOMETRIOIMUSONO

➜ ....
nous amusons bien.

L'attribut du sujet et son accord avec le sujet

9. Chasse aux intrus Barre les mots et les GN en gras qui ne sont pas des attributs du sujet.

1. Ovide est **un grand poète**.

2. Il est **l'auteur des *Métamorphoses***.

3. Tout le monde apprécie **les contes mythologiques**.

4. « Tu es **une jeune fille prétentieuse** », lui dit **la déesse**.

5. Nous avons surtout aimé **l'histoire d'Arachné**.

6. Cette jeune fille était vraiment **ambitieuse**.

10. Quiz Coche la ou les affirmations vraies.

☐ L'attribut du sujet est toujours un adjectif.

☐ L'attribut du sujet renseigne sur le sujet et s'accorde avec lui.

☐ L'attribut du sujet peut être un pronom.

☐ L'attribut du sujet se rencontre après des verbes d'état comme *être* ou *avoir*.

11. Pyramide Complète la pyramide : remplace les attributs du sujet en gras par un adjectif de sens contraire.

1. Il est **habillé**.

2. Le poulet est **cuit**.

3. Le verre est **plein**.

4. Ce terrain est **grand**.

5. Ce véhicule est **lent**.

6. Cet artiste est **peu connu**.

12. Charade

Mon premier est un rongeur. **Mon deuxième** sert à calculer l'aire ou la circonférence d'un cercle. **Mon troisième** est le participe passé du verbe *dire*. **Mon quatrième** est une consonne. **Mon tout** est un nom qui déteste la lenteur et qui est l'attribut du sujet dans la phrase suivante :

Sa principale qualité est la ....

13. Jeu du pendu Retrouve les attributs du sujet et accorde-les.

1. Ces exercices me semblent D _ _ _ _ _ _ _ E _.

2. Sa mère est C H _ _ _ _ _ _ _ _.

3. Sa veste et son pantalon sont très É _ _ _ _ _ T _.

14. Charade

Mon premier est une partie du corps. **Mon deuxième** est un rongeur. **Mon troisième** est le contraire du travail. **Mon tout** est l'attribut du sujet qui manque à cette phrase :

Les pompiers sont toujours très ....

15. Lettres mêlées Remets les lettres dans l'ordre pour retrouver les attributs, puis indique leur classe grammaticale.

1. Ces fruits sont très X T U J E U

➜ ....

2. Elle voudrait devenir S O A T M E O N R

➜ ....

3. Sa volonté est de E G R A N G

➜ ....

16. Mots mêlés Retrouve six attributs du sujet dans cette grille afin de compléter les phrases.

D	O	R	M	I	R
O	U	A	I	Q	E
U	R	P	E	F	G
X	S	A	L	U	A
W	H	C	N	B	L
D	Z	E	K	J	P

1. Ce tissu me paraît très ....

2. Son souhait est de ....

3. Cet oiseau semble être un ....

4. Cet animal s'appelle un ....

5. Son aliment préféré est le ....

6. Ce repas fut un ....

Je sais accorder le verbe et l'attribut avec le sujet

J'observe

Les dieux de la mythologie <u>participent</u> à la vie des hommes. Ils sont capables de prendre n'importe quelle apparence.

Avec quel mot s'accorde le verbe souligné ? ....

Quelle est la fonction de *capables* ? ....

Avec quel mot s'accorde-t-il ? ....

Je retiens

A COMMENT ACCORDER UN VERBE CONJUGUÉ ?

- Le verbe s'accorde en **nombre** et en **personne** avec son **sujet** : *je viens, ils viennent*
- Plusieurs verbes peuvent avoir le **même sujet** : *Il entre et ressort aussi vite.*
- Quand un verbe a **plusieurs sujets**, il se met **au pluriel** : *Cassim et Ali Baba étaient frères.*

Si les sujets ne sont pas **à la même personne**, le verbe se conjugue au **pluriel** et à **la plus petite personne**.

> *Lui et moi sortons souvent ensemble.*   *Pierre et toi êtes les bienvenus.*
> (3e) (1re) ➡ (1re du pluriel)   (3e) (2e) ➡ (2e du pluriel)

Remarque : un verbe qui a pour sujet *on, chacun, tout, tout le monde* se conjugue à la 3e personne du singulier : *Tout le monde s'amuse.*

B COMMENT ACCORDER L'ATTRIBUT DU SUJET ?

- L'attribut du sujet s'accorde en **genre et en nombre** avec le **sujet**.

> *Sa femme est une héritière.* ➡ *Son cousin est un héritier.*
> *Ma sœur est très grande.* ➡ *Mon frère est très grand.*

- Si le sujet est un **verbe à l'infinitif**, l'adjectif attribut est au **masculin singulier**.

> *Travailler trop est fatigant.*

Je m'entraîne

1 **Retrouve le ou les pronoms personnels sujets de ces verbes.**

🟨 **1.** .... sortons • .... chantez • .... finissent • .... vas

🟧 **2.** .... crains • .... parle et fais • .... sont • .... es

🟥 **3.** .... finis • .... perd et retrouve • .... prends • .... danse

2 Accorde ces verbes au présent.

■ **1.** je chant........ • tu fini........ • il par........

■ **2.** elles arriv........ • vous all........ • je per........

■ **3.** vous di........ • vous fai........ • tu ven........

3 Conjugue les verbes au présent.

■ **1.** Le chat et le chien ENTRER ....

■ **2.** Mon frère et elle ÊTRE .... là.

■ **3.** Chacun JOUER .... de son côté.

4 Barre la proposition fausse.

■ **1.** Où va / vont-ils ? • Il vous entend / entendent.
• Ainsi s'achève / s'achèvent ce conte.

■ **2.** Les vois / voient -tu ? • Quand arrivent / arrive-t-on ? • Elle vous les donne / donnent.

■ **3.** Je ne les crois / croient pas. • Qu'as / a -tu fait ? • Tout le monde étaient / était là.

*Le sujet n'est **pas toujours** placé juste **devant** le verbe.*

5 Accorde les attributs du sujet.

■ **1.** Philippe et Pierre sont FRÈRE ....
• Ces céréales sont DÉLICIEUX ....

■ **2.** Faire du sport est BON .... pour toi.
• La jupe et la veste sont ORIGINAL ....

■ **3.** Julie et sa sœur sont JUMEAU ....
• La poule et le coq sont NOIR ....

6 Réécris ces phrases en mettant le sujet au pluriel s'il est singulier et inversement.

■ **1.** Il part bientôt en vacances. ➡ ....

■ **2.** Elles arrivent toujours à l'heure. ➡ ....

■ **3.** Je n'oublierai pas mon maillot. ➡ ....

■ **4.** Nous vous confions notre petit chat. ➡ ....

■ **5.** Tu sembles être une excellente nageuse. ➡ ....

■ **6.** Vous paraissez pressés. ➡ ....

*N'oublie pas d'**accorder** les attributs et les mots qui se rapportent au sujet s'il y en a !*

7 *J'applique pour lire*

Jupiter et Mercure <u>entrent</u> dans la chaumière. Philémon et Baucis sont les habitants de cette pauvre maison. [Baucis leur offre l'hospitalité et les fait asseoir. Ensuite, elle ranime le feu et prépare un repas.] Enfin, elle apporte une carafe de vin et là le miracle se produit : au lieu de se vider lorsque le vin est servi, la carafe se remplit ; à la fin du repas, elle est de nouveau pleine.

a) Pourquoi le verbe souligné est-il au pluriel ? ....
....
....

b) Quelle est la fonction de *habitants* ? ....
....

c) Pourquoi est-il au pluriel ? ....
....
....

d) Réécris le passage entre crochets en remplaçant *Baucis* par *Philémon et Baucis* : ....
....
....
....
....

8 *J'applique pour écrire*

Qui n'a jamais rêvé qu'un miracle se produise ? Raconte en quelles circonstances tu aurais souhaité un miracle.

Consigne
• 5 lignes
• 1 verbe accordé avec 2 sujets
• 1 attribut accordé avec 1 sujet pluriel

28 Les compléments d'objet (COD, COI)

J'observe

Je n'**ai** pas **vu** ta nouvelle voiture. • Je **rêve** d'un bon bain chaud.

Relève les groupes qui complètent les deux verbes en gras : ....
....

Quel petit mot introduit le second ? ....

Je retiens

A COMMENT RECONNAÎTRE UN COMPLÉMENT D'OBJET ?

• Le complément d'objet indique **sur qui** ou **sur quoi s'exerce l'action du verbe**.

*Il prépare **un gâteau**.* (Que prépare-t-il ?) • *Il parle **à sa sœur**.* (À qui parle-t-il ?)

• Il est **obligatoire après certains verbes**.

*Il porte **une cravate**.* (*Il porte* n'a pas de sens.)
*Il mange **une pomme**.* (*Il mange* a un sens mais différent.)

• On distingue les **compléments d'objet direct** (COD) placés **directement après le verbe** et les **compléments d'objet indirects** (COI) introduits par une **préposition** (*à* ou *de*).

• Certains verbes sont complétés par **deux compléments d'objet** : un COD et un COI ou deux COI.

J'ai offert <u>des fleurs</u> <u>à ma mère</u>. J'ai parlé <u>de toi</u> <u>à ma cousine</u>.
          COD   COI   COI   COI

Remarque : si le complément d'objet est un **pronom personnel**, il est le plus souvent placé **avant le verbe** et n'est plus introduit par une préposition. *Je souris **à ma mère**. → Je **lui** souris.*

B LES CLASSES GRAMMATICALES DU COMPLÉMENT D'OBJET

• **Nom** ou **GN :** *J'attends **Julie**. J'attends **ma sœur**.*

• **Pronom :** *Le chien **lui** obéit.*

• **Infinitif ou groupe infinitif :** *Oscar veut **manger du chocolat**.*

• **Proposition subordonnée introduite par** *que* **:** *Je crois **qu'il sera le premier**.*

Je m'entraîne

1 Souligne les compléments d'objet.

1. Je connais sa mère. • Il a emprunté mon scooter. • Ils jouent au ballon.

2. Il a gagné le gros lot. • Je réfléchis à une nouvelle organisation. • Je prends mon temps.

3. Il nous a parlé de son projet. • Il ne t'a pas obéi. • Il croit que tu n'es pas là.

N'oublie pas que *à* et *de* se contractent avec les articles *le* et *les* en *au*, *aux*, *du*, *des*.

À la 3ᵉ personne, *le*, *la*, *les*, *l'* remplacent un complément sans préposition ; *lui*, *leur*, avec préposition.

2 Souligne en bleu les COD et en rouge les COI.

■ **1.** Il mange une pomme. • Les dieux obéissent à Jupiter. • Ils lui obéissent.

■ **2.** Nous jouons au ballon. • Je t'entends bien. • Je me souviens des derniers jours.

■ **3.** Nous voulons dormir. • Il rêve de partir. • Il a bien réagi aux tests.

3 Souligne tous les compléments d'objet et encadre les verbes précisés par deux compléments.

■ **1.** J'ai acheté des fleurs. • J'ai pensé à toi. • Je voulais partir.

■ **2.** Il a proposé une boisson aux enfants. • Il nous a raconté une belle histoire.

■ **3.** Leur as-tu dit que tu voulais venir ? • Je lui ai demandé de me remplacer.

4 Souligne les compléments d'objet, puis remplace-les par des pronoms personnels.

■ **1.** Elle aime bien sa sœur. .... • Europe caresse le taureau. ....

■ **2.** Elle ressemble à son père. .... • Je me souviens de ta mère. ....

■ **3.** Pensez à ces enfants. .... • J'ai donné le sac à Pierre. ....

5 Remplace les pronoms soulignés par un complément d'objet d'une autre classe grammaticale (le sens sera différent). Souligne ceux qui sont introduits par une préposition.

■ **1.** Ils ne <u>me</u> voient pas. ....

• Il <u>te</u> parle. ....

■ **2.** Ils <u>vous</u> obéissent. ....

• Ils <u>vous</u> ont donné du souci. ....

■ **3.** Je <u>le</u> lui ai dit. ....

• Je <u>te</u> le propose. ....

6 Complète les verbes avec des compléments d'objet en respectant les consignes.

■ **1.** `1 INFINITIF` Cette année, il apprend ....

■ **2.** `1 PRON. PERS. + 1 GN` Nous .... avons expliqué ....

■ **3.** `1 PRON. PERS. + 1 PROPOSITION` Ils .... ont annoncé ....

7 *J'applique pour lire*

Jupiter prend la forme d'un magnifique taureau blanc et se mêle aux troupeaux. Europe admire ce bel animal, elle lui <u>offre</u> des fleurs, [elle le caresse et s'assoit sur son dos ; Jupiter plonge ses pattes dans la mer, puis quitte le rivage et emporte la jeune fille sur l'île de Crète.]

D'après Ovide, *Les Métamorphoses* (Iᵉʳ siècle).

a) Relève les compléments d'objet de la 1ʳᵉ phrase : ....

b) Relève les deux compléments d'objet du verbe souligné : ....

c) Relève les quatre compléments d'objet dans le passage entre crochets : ....

8 *J'applique pour écrire*

Jupiter se transforme en taureau pour séduire Europe. Et toi, en quel animal aimerais-tu te transformer ? Que ferais-tu sous cette apparence ? Raconte.

Consigne
• 5 lignes • 3 COD
• 1 COI

Chacun son rythme

Coche la couleur que tu as le mieux réussie.

■ Relève de nouveaux défis ! ⟶ exercices 1, 2, p. 88

■ Améliore tes performances ! ⟶ exercices 3, 4, 5, p. 88

■ Confirme ta réussite ! ⟶ exercices 6, 7, p. 88

Les compléments circonstanciels

J'observe

J'ai fait une grande promenade **ce matin, dans la forêt**.

Peux-tu supprimer les groupes de mots en gras ? ....

Peux-tu les changer de place ? ....

Lequel apporte une précision de lieu ? .... **de temps ?** ....

Je retiens

A COMMENT RECONNAÎTRE UN COMPLÉMENT CIRCONSTANCIEL ?

- Le complément circonstanciel apporte des précisions sur les **circonstances** de l'action.
- On peut souvent le **supprimer** et le **changer de place**.
    *Il a attendu son père **pendant une heure**. **Pendant une heure**, il a attendu son père.*
- Certains compléments circonstanciels sont **essentiels**, ils ne peuvent être ni déplacés, ni supprimés.
    *Je suis **là*** (complément essentiel de lieu)

B QUELS SONT LES PRINCIPAUX COMPLÉMENTS CIRCONSTANCIELS ?

- **Lieu** (CCL) : répond à la question *où ? Je suis rentré **chez moi**.*
- **Temps** (CCT) : répond aux questions *quand ? combien de temps ? Il est venu **hier**.*
- **Cause** (CCC) : répond à la question *pourquoi ? Elle n'est pas sortie **parce qu'il pleuvait**.*

C LES CLASSES GRAMMATICALES DU COMPLÉMENT CIRCONSTANCIEL

- **Nom** ou **GN** : *à la maison, ce soir, à cause de la pluie*
- **Pronom** : *près de lui, après cela, grâce à elle*
- **Adverbe** : *ici, là, loin, hier, bientôt, en effet*
- **Infinitif** ou **groupe infinitif** (temps et cause) : *avant de partir, pour avoir tardé*
- **Proposition** (temps et cause) : *quand il pleut, parce que tu es la plus forte*

Je m'entraîne

1 Souligne les compléments circonstanciels : lieu en bleu et temps en rouge.

1. pendant trois jours • ici • souvent • avant le jour • en Asie • là-bas • parfois • au moment de partir

2. autrefois • tous les jours • derrière eux • avant cela • bientôt • au milieu du jardin • sur le chemin

3. avant de l'avoir vu • à l'avant-scène • tous les jours • à midi • dans le Midi • près du tien • jamais

2 Barre les compléments circonstanciels que tu peux supprimer et encadre ceux que tu ne peux pas supprimer.

◻ **1.** Il est dans la maison. • Dans cette maison, les pièces sont grandes. • Va dans ta chambre.

◻ **2.** Elle va au marché. • J'achète des fruits au marché. • Nous sommes là.

◻ **3.** Le film dure trois heures. • Nous étions chez elle. • Le roman se passe en Laponie.

3 Souligne les compléments circonstanciels : en rouge (CC de temps), en vert (CC de lieu), en bleu (CC de cause).

◻ **1.** Hier, la réunion a été annulée en raison de la pluie.

◻ **2.** Je reviens dans dix minutes ici car je ne veux pas rater le début du film.

◻ **3.** Avant de sortir, j'ai laissé par négligence la fenêtre ouverte dans ma chambre.

4 Indique la fonction et la classe grammaticale des compléments circonstanciels soulignés.

◻ **1.** Je fais du sport en salle. .... • Je suis arrivée après toi. ....

◻ **2.** À cause de ton étourderie .... nous sommes arrivés très tard. ....

◻ **3.** Comme il fait très froid, ... n'oublie pas de prendre une écharpe avant de sortir. ....

5 Complète ces phrases par des compléments en suivant les indications.

◻ **1.** Je me suis perdu `LIEU, GN` .... • Ils sont restés `LIEU, ADVERBE` ....

◻ **2.** Nous passerons `TEMPS, ADVERBE` .... • Dépêche-toi `CAUSE, PROPOSITION` ....

◻ **3.** `TEMPS, PROPOSITION` .... , il est entré. • Notre équipe à gagné `CAUSE, PRONOM PERSONNEL` ....

6 🔵 *J'applique pour lire*

Un jour, pendant que la déesse Diane et ses compagnes nageaient nues dans l'eau d'une source, un jeune chasseur, Actéon, les surprit là par hasard. Aussitôt, les baigneuses se sauvèrent, affolées. La déesse était furieuse parce que depuis toujours elle détestait les hommes et n'avait jamais voulu se marier. Comme elle n'avait pas ses armes, elle se vengea autrement : Actéon fut transformé en cerf ! Et en raison de cette métamorphose, il fut dévoré par ses chiens qui n'avaient pas reconnu leur maître.

a) Indique la fonction des trois groupes en gras puis précise leurs classes grammaticales. ....

....

....

b) Souligne en vert les deux CCL.

c) Souligne en rouge les quatre CCC et indique leurs classes grammaticales. ....

....

....

7 🔴 *J'applique pour écrire*

Diane se venge cruellement d'Actéon. À ton tour, raconte une histoire de vengeance (mais moins cruelle !). N'oublie pas de situer ton récit dans l'espace et dans le temps.

Consigne
• 5 lignes
• 4 compl. circ.

Chacun son rythme

Coche la couleur que tu as le mieux réussie.
◻ Relève de nouveaux défis ! ⟶ exercices 8, p. 88 et 9, p. 89
◻ Améliore tes performances ! ⟶ exercices 10, 11, 12, p. 89
◻ Confirme ta réussite ! ⟶ exercices 13, 14, 15, p. 89

Les compléments d'objet

1. Chasse aux intrus Barre les phrases qui n'ont pas de complément d'objet.

1. Nous avons parcouru de grands espaces.
2. Je dors bien.
3. Je lui ai apporté plusieurs photos.
4. Elle travaille trop.
5. Je ne t'avais pas vu.
6. Ne cherche pas à savoir.

2. Quiz Coche la ou les phrases vraies.

Le complément d'objet :
- ☐ est toujours placé après le verbe.
- ☐ est parfois introduit par une préposition.
- ☐ est parfois un pronom.
- ☐ est toujours un GN.

3. Lettres mêlées Remets les lettres en ordre pour retrouver les compléments d'objet. Précise s'ils sont COD ou COI.

1. Le guide s'adresse aux S T E R U T I O S ....

....

2. J'ai envoyé un G E A S M E S ....
à mon S U R E P O F S E R ....

3. Ils ont demandé leur N E H C I M ....
à un T A N E F N ....

4. Il se souvient de cette E T A V N E U R ....

....

4. Chasse aux intrus Précise si les mots en gras sont COD ou COI. Si ce ne sont pas des compléments d'objet, barre-les !

1. Il écoute **la musique** [................].
2. Il est devenu **basketteur professionnel** [................].
3. Je n'ai pas pensé **à lui** [................].
4. Il a l'air **heureux** [................].
5. Il a été élu **délégué de classe** [................].
6. Il **nous** [................] a raconté **ses aventures** [................].

Quelle est la fonction des mots que tu as barrés ?

....

5. Jeu du pendu Retrouve les compléments d'objet, puis précise s'ils sont COD ou COI.

1. J'ai éliminé les P .... X [................].
2. Je me souviens de cet É .... T [........].
3. Il a adressé un C .... R [........]
au P .... T [........].

6. Charade

Mon premier est un groupe de lettres qui a du sens. **Mon deuxième** a retiré ses vêtements. **Mon troisième** ne dit pas la vérité. **Mon tout** complète le verbe de la phrase suivante :

Nous avons visité un beau ....

7. Pyramide Complète la pyramide : trouve les compléments d'objet manquants dans les phrases. Attention, il peut y avoir plusieurs réponses !

1. Je … vois. *(pronom personnel)*
2. Il a avalé son … de chocolat. *(nom commun)*
3. Il ne … entend pas. *(pronom personnel)*
4. Fais-tu du … ? Oui, du foot. *(nom commun)*
5. Ne regarde pas ta … sans arrêt. *(nom commun)*
6. N'oublie pas de … un message. *(infinitif)*

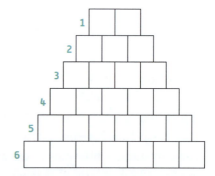

Les compléments circonstanciels

8. Quiz Coche la ou les phrases vraies.

Les compléments circonstanciels :
- ☐ ne peuvent pas être supprimés.
- ☐ peuvent en général être supprimés.
- ☐ ne sont jamais en tête de phrase.
- ☐ renseignent sur les circonstances de l'action.

9. Range-mots Souligne les compléments circonstanciels, puis classe-les.

1. Ne reste pas là. **2.** Viens demain. **3.** Pour un stupide retard, il n'a pu entrer. **4.** Elle a dormi chez nous. **5.** Ce matin, il pleuvait ici. **6.** Il ne peut pas jouer à cause de son entorse. **7.** Je n'ai pas aimé ce plat parce qu'il est trop épicé. **8.** Il est resté longtemps.

Temps : ....

Lieu : ....

Cause : ....
....

10. Vrai ou faux Barre et corrige les affirmations fausses au sujet des mots soulignés dans ces phrases.

1. Je suis arrivé très tard en raison des embouteillages.

2. Elle est venue chez nous puisque tu n'étais pas là.

3. Ce matin, comme nous étions en forme, nous sommes sortis très tôt.

4. Hier, nous avons commencé à huit heures et avons fini à vingt-deux heures.

5. L'année prochaine, nous partirons à la montagne.

On a souligné : – 8 CCT : ....
– 2 CCL : ....
– 4 CCC : ....

11. Jeu du pendu Retrouve les compléments circonstanciels et précise leur fonction (CCT, CCL, CCC).

1. Par P .... E (........) je n'ai pas couru
M .... I (........).

2. D .... N M .... N (........), nous partirons
en A .... E (........).

3. Pour un S .... E O .... I (........),
H .... R (........), elle a été punie.

4. Grâce à votre S .... N (........)
pendant la R .... E (........),
je suis parvenue au S .... T (........).

12. Labo des mots Complète par des compléments circonstanciels en respectant les consignes.

1. Ils se voient TEMPS, ADVERBE ....

2. Elle ne nous a pas vus CAUSE, PROPOSITION ....
....

3. Nous avons réussi CAUSE, PRONOM PERSONNEL ....
....

4. Il est sorti LIEU, GN ....

13. Chasse aux intrus Souligne les mots en gras qui ne sont pas des compléments circonstanciels.

1. **Demain**, nous retrouverons **nos amis**.

2. Fais **ta rédaction maintenant**.

3. Ils ont fait **le trajet en cinq heures**, ils ne se sont arrêtés qu'**une seule fois**, **parce qu'ils étaient très pressés**.

4. Ne joue pas **au ballon dans la cour**.

14. Mots mêlés Retrouve dans la grille les compléments circonstanciels suivants.

M	A	I	S	O	N
H	Z	G	B	N	I
I	A	M	I	E	O
E	V	T	E	H	L
R	U	E	R	R	E
S	E	R	U	E	H

1. ...., ils sont restés à la ....

2. Je suis restée une .... chez une ....

3. Elle est allée trop ....

4. Vous avez reçu cet avis par ....

15. Lettres mêlées Remets les lettres dans l'ordre pour retrouver les compléments circonstanciels.

1. Nous arriverons à T E N I S A D O T I N ....
dans la R I E S O E ....

2. Dans cet T I E M L A B E S N S T E ....,
il y a T E N O S U V .... des incendies.

30 Je sais identifier les fonctions

J'observe

Les enfants sont joyeux. • **Ils** jouent. • **Ils** construisent des châteaux de sable sur la plage.

Quelle est la fonction des groupes en gras ? ....

Relève un attribut du sujet : ....

Relève un complément circonstanciel : ....

Je retiens

A QUELLES FONCTIONS SE RATTACHENT AU VERBE ?

- La fonction **sujet**, présente dans **toutes les phrases** (sauf à l'impératif), précise **qui** agit ou **de quoi** traite le verbe. ▶ fiche 25

  Le temps passe vite. Lire est intéressant.

- La fonction **attribut du sujet**, présente après les **verbes d'état** (ou dont le sens se rapproche), apporte des précisions sur le **sujet**. ▶ fiche 26

  Cet homme est mon père ; il s'appelle Pierre.

- La fonction **complément d'objet** (COD, COI) indique l'**objet de l'action**. ▶ fiche 28

  J'ai acheté un nouveau pull. Je pense à toi.

B QUELLES FONCTIONS SE RATTACHENT À LA PHRASE ?

- Les **compléments circonstanciels** précisent les **circonstances de l'action**. Ils complètent **toute la phrase**. On peut en général les **supprimer** ou les **déplacer**. ▶ fiche 29

- On distingue les compléments circonstanciels de **lieu**, de **temps**, de **cause**.

  Hier, nous sommes allés au marché, parce que c'est la saison des fraises.
  CCT   CCL   CCC

Remarque : après certains verbes (*être*, *aller*…), les **compléments circonstanciels** complètent le **verbe**. On ne peut ni les supprimer ni les déplacer.

  Je suis dans la classe. Je vais à l'école.

Je m'entraîne

1 Encadre le sujet et barre les phrases qui n'en ont pas.

- **1.** Ma sœur est sortie. • Nous sommes arrivés. • Viens. • Elle est gentille.

- **2.** Sortir m'a fait du bien. • Ne bouge pas. • Pourquoi est-il parti ?

- **3.** Pas de problème ! • Qu'il soit venu m'a fait plaisir. • Ne reste pas là.

2 Souligne en rouge les COD et en bleu les sujets inversés.

- **1.** Est-il encore là ? • Où sont les ballons ? • J'ai apporté un ballon.

- **2.** Autrefois, vivait ici une étrange créature. • Elle n'a pas voulu venir.

- **3.** Ainsi s'achève l'histoire. • Quel livre as-tu choisi ?

3 Barre les compléments circonstanciels que tu peux supprimer et souligne ceux qui sont essentiels.

■ **1.** Il est dans la maison. • Dans sa maison , les pièces sont grandes.

■ **2.** Il va au marché. • J'aime beaucoup acheter des fruits au marché.

4 Encadre les compléments circonstanciels et souligne les attributs du sujet.

■ **1.** Il est gentil. • Elle est dans la classe. • Zao est mon voisin • Il est chez lui.

■ **2.** Il appellera demain. • Elle s'appelle Arya. • Il reste mon meilleur ami. • Zoé reste en France.

■ **3.** Il est parti très joyeux. • Il est parti de là. • Ils sont revenus enchantés. • Ils sont revenus de vacances.

5 Souligne les compléments d'objet et encadre les attributs du sujet.

■ **1.** Jupiter aime Europe. • Jupiter est devenu un taureau. • Cette solution est bonne.

■ **2.** Sa place est restée libre, nous avons perdu du temps. • Je t'ai attendu longtemps.

■ **3.** Jules et Julie ont été élus délégués. • Où avez-vous pris cela ?

• Ainsi parlait mon père ; c'était un grand homme.

Pour repérer les attributs du sujet, vérifie s'il s'agit d'un **verbe d'état**.

6 Souligne les compléments d'objet et encadre les compléments circonstanciels.

■ **1.** J'ai répondu à sa lettre. • Elle est arrivée à huit heures. • Il s'adresse à toi. • Il travaille à la maison.

■ **2.** J'ai pris cinq jours de congés. • Je suis resté cinq jours à Londres. • Je manque de temps. • Sors d'ici.

■ **3.** J'ai quitté Paris. • J'habite à Paris. • Je sors de Paris. • Je crois en toi. • Tu penses à lui. • Elise part à 10 heures.

Pour ne pas les confondre, pose les questions *quand ? quoi ? à quoi ?*

7 *J'applique pour lire*

Un jour, en Éthiopie, Persée, fils de Zeus, découvre un terrible spectacle. Le dieu Neptune a envoyé un monstre marin qui ravage le pays. Sa prochaine proie est Andromède, la fille du roi. Persée n'hésite pas un instant, et se précipite pour tuer le monstre.

Classe les mots ou groupes de mots soulignés dans la bonne colonne.

Sujets	Attributs du sujet	Compléments d'objet	Compléments circonstanciels
....	....	....	....
....	....	....	....
....	....	....	....

8 *J'applique pour écrire*

Finalement, Andromède sera sauvée par Persée. Raconte à ton tour une aventure où un personnage (ou toi-même) est sauvé d'une situation difficile.

Consigne
• 5 lignes
• 1 attribut du sujet
• 1 compl. d'objet
• 2 compl. circonstanciels

Les prépositions *à* et *de*, ou en cas de contraction *au, aux, du, des*, peuvent introduire un complément du nom, d'objet ou circonstanciel. Comment les différencier ?

Je repère la place du complément

- Le **complément du nom** est toujours placé **après un autre nom**.

    le *livre* **de mon frère**   un *fauteuil* **à bascule**

- Le **complément d'objet** est toujours placé **après un verbe** (un mot peut s'intercaler).

    Il *rêve* **de vacances**.   Il *obéit* **à son père**.   Il *pense* souvent **aux vacances**.

- Le **complément circonstanciel** n'a **pas de place fixe**.

    Son cours *commence* **à huit heures**.   **À huit heures** son cours *commence*.

Je vérifie que j'ai bien compris

1 Repère la place des compléments en gras et indique en abrégé la fonction (CDN, CO, CC).

	APRÈS UN NOM	APRÈS UN VERBE	À UNE AUTRE PLACE
J'ouvre la porte **de la chambre**.	....	....	....
Je parle **à un ami**.	....	....	....
À l'aube, il faisait beau.	....	....	....
J'ai oublié ma pince **à épiler**.	....	....	....
Je me souviens **de son visage**.	....	....	....

Je réfléchis au sens et au rôle du complément

- Le **complément du nom** précise un **nom** et peut être **supprimé**.

    J'ai oublié les clés **de l'appartement**. ➔ *J'ai oublié les clés* a un sens.

- Le **complément d'objet** précise un **verbe** et ne peut **pas être facilement supprimé**.

    Je joue **du piano**. ➔ *Je joue* n'a plus le même sens.

- Le **complément circonstanciel** porte sur **toute la phrase** et renseigne sur les **circonstances**.

    Nous avons fait le trajet **à pied**. ➔ Le complément précise le moyen de locomotion.

Je vérifie que j'ai bien compris

2 Souligne et donne la fonction du complément introduit par *des* en indiquant s'il précise le sens d'un nom, d'un verbe ou les circonstances de l'action (lieu, temps, cause).

1. Il pratique la langue des signes.   ....

2. Il ne s'est pas souvenu des consignes.   ....

3. Il n'est pas encore revenu des États-Unis.   ....

4. Nous avons assisté à la signature des contrats.   ....

À RETENIR

Complément du **nom** : après un **nom**, facile à supprimer.
Complément **d'objet** : après un **verbe**, difficile à supprimer.
Complément **circonstanciel** : indique le **lieu**, le **temps**, la **cause**.

3 Complément du nom ou d'objet ? Souligne en rouge les compléments du nom et en bleu les compléments d'objet.

1. Elle est déléguée de la classe.
2. Je me méfie de lui.
3. Elle s'est confiée à Julie.
4. Je ne me souviens plus des consignes.
5. Utilise le dictionnaire des synonymes.

4 Complément d'objet ou circonstanciel ? Souligne en rouge les compléments circonstanciels et en bleu les compléments d'objets.

1. Il n'est pas encore sorti du collège.
2. De ma place je ne vois rien.
3. Il ne m'a pas informé de la date.
4. Il ne se soucie pas du mauvais temps.
5. Il ne s'est pas aperçu de ton absence.

5 Relie les compléments soulignés à leur fonction.

1. Il a sauté du plongeoir. •
2. Cet objet a été façonné à la main. •
3. Prends ta brosse à cheveux. •
4. Pense à tes papiers. •
5. N'oublie pas ton maillot de bain. •
6. Il s'intéresse à la mythologie. •
7. À ton retour, nous goûterons. •

• **Complément du nom**
• **Complément d'objet**
• **Complément circonstanciel**

6 Complète par *à, de, au* ou *aux*, et précise la fonction du complément.

FONCTIONS

1. Ce projet risque de tomber _____ oubliettes.
2. Il n'est pas encore rentré _____ voyage.
3. Il n'échappera pas _____ la punition.
4. As-tu réfléchi _____ conséquences ?
5. J'aime beaucoup les pains _____ chocolat.
6. Nous voyons la mer _____ notre balcon.

7 Barre et corrige les erreurs qui se sont glissées dans les fonctions.

1. J'ai avalé un sandwich. CO _____
2. Je te présente le frère de Paul. CO _____
3. Rentre à la maison. CC _____
4. Il arrivera à huit heures. CO _____

8 Complète ces phrases par le complément indiqué de ton choix.

1. Je lui ai offert un livre `CDN` _____
2. Il n'est pas encore arrivé `CC` _____
3. Je n'ai pas pensé `CO` _____
4. C'est le plus beau jour `CDN` _____
5. Il ne s'est pas plaint `CO` _____
6. J'ai retrouvé Ali `CC` _____

9 **BILAN** Précise la fonction (CDN, CO, CC) à côté de chaque mot souligné.

Ovide est l'auteur des *Métamorphoses* (_____). Nous ne connaissons pas tous les détails de sa vie (_____). Après d'excellentes études, il s'est très vite intéressé à la poésie (_____). Ensuite, il a beaucoup voyagé, de la Grèce (_____) à l'Asie Mineure (_____), en passant par la Crète et la Sicile. Tous ces paysages serviront de cadre (_____) aux personnages des *Métamorphoses* (_____).

MÉTHODE 4 — Comment utiliser le dictionnaire ?

Un dictionnaire donne des informations très utiles… à condition de bien l'utiliser !

Je cherche au bon endroit

- **Ouvre le dictionnaire au bon endroit** : les mots sont classés par **ordre alphabétique** (verbes à l'infinitif, noms au singulier, adjectifs au masculin singulier).

  *Je cherche **zèbre**. ➡ J'ouvre le dictionnaire aux dernières pages.*

- **Trouve la bonne page** : retiens les **trois premières lettres** du mot que tu cherches, puis sers-toi des **mots-repères** qui figurent **en haut de chaque page.**

  *Je cherche le mot **dictionnaire**. ➡ Je retiens les lettres DIC.*
  ➡ Je cherche dans la double-page correspondante, par exemple DIAGRAMME-DIEU.

⚠ Les mots-repères changent selon les dictionnaires.

Je vérifie que j'ai bien compris

1 **Observe les mots soulignés.**

   Ils <u>ont rencontré</u> leur <u>nouvelle</u> voisine.

- **Sous quelle forme ces deux mots figurent-ils dans le dictionnaire ?** ....
- **Dans quelle double-page le deuxième mot se trouve-t-il ?**

  ☐ NORIA-NOUGAT   ☐ NOUILLE-NOYER   ☐ NOYER-NUMERO

Je comprends les informations données

prononciation
(en alphabet phonétique)

chiffres pour repérer les **homonymes**

synonymes (syn.) et / ou **antonymes** (ant. ou contr.)

⚠ Parfois les **homophones** sont indiqués.

> **1. louche** [luʃ] adj. (anc. fr. *lois*, refait sur le fém. *losche*, lat. *luscus* "borgne"). – **1.** Qui manque de franchise, de clarté : *Conduite louche* (syn. **équivoque**, **suspect**). *Milieu louche* (syn. **interlope**). – **2.** Qui n'a pas un ton franc, en parlant des couleurs, des liquides, etc. : *Un cidre louche* (syn. **trouble**).
> **2. louche** [luʃ] n. f. (frq. *lôtja). – **1.** Grande cuillère à long manche ; contenu de cette cuillère : *Servir le potage avec une louche. Une louche de crème fraîche.* – **2.** FAM. *À la louche*, en faisant de grosses portions ; grossièrement, sans finesse : *Budget fait à la louche.*

Larousse du collège, Le dictionnaire des 11/15 ans
© Larousse (2006).

classe grammaticale
(n. f. = nom féminin ; adj. = adjectif ; v. = verbe ; prép. = préposition…)

étymologie (étym.)

chiffres pour repérer les **différents sens** d'un mot

exemples et / ou **expressions**

Je vérifie que j'ai bien compris

2 **Voici un extrait d'article de dictionnaire.**

> **1. court :** adj. 1. Qui a peu de longueur : *Robe courte, jambes courtes* (**ant.** : long). 2. Qui a peu de durée : *Trouver le temps court* (**syn.** : bref, éphémère).
> **2. court :** n. m. : Terrain aménagé pour le tennis : *Sur les courts* : au tennis (**hom. :** 1. cour : espace découvert ; 2. cour : résidence du souverain ; 1. cours : écoulement continu ; 2. cours : enseignement suivi dans une matière).

- **Pourquoi les deux mots sont-ils précédés d'un numéro ?** ....
  ....
- **Entoure la classe grammaticale de chaque mot.**
- **Lequel a deux sens ?** ....
- **Donne un antonyme, un synonyme et un homophone de l'adjectif *court*.** ....

À RETENIR

- Bien connaître l'**alphabet**.
- Retenir les trois premières lettres du mot que l'on cherche. S'aider des **mots-repères** en haut de page.
- Comprendre les **abréviations** et les **chiffres**.

3 Barre les mots qui ne se trouvent pas dans la double-page **CHAUD-CHENILLE**.

chauffage • chèque • cheveu • chef • chérubin • chemin • chausson • chercher • chaton • chêne

4 Classe ces mots par ordre alphabétique.

jet • joie • jeune • jonquille • joindre • joli • jongleur • jockey

1. .... 2. .... 3. .... 4. ....

5. .... 6. .... 7. .... 8. ....

5 Écris à côté de chaque mot l'abréviation de sa ou ses classe(s) grammaticale(s). Aide-toi du dictionnaire.

1. bague : .... 6. vers : ....

2. montrer : .... 7. lever : ....

3. haie : .... 8. à : ....

4. fragile : .... 9. dîner : ....

5. leur : ....

6 Relève dans un dictionnaire la classe grammaticale et la première définition de chacun de ces couples d'homonymes.

1. **a)** poêle : ....
....

b) poêle : ....
....

2. **a)** rapide : ....
....

b) rapide : ....
....

7 Relève dans un dictionnaire quatre sens du mot *tête* avec un exemple.

Tête :

1. ....
....
....

2. ....
....
....

3. ....
....

4. ....
....
....

8 Trouve dans un dictionnaire des mots correspondant aux abréviations.

1. **rare** ANT. : ....

2. **durcir** ANT. : ....

3. **dur** SYN. : ....

4. **lac** SYN. : ....

9 Relie les expressions utilisant le mot *pied* avec leur signification.

C'est le pied !   Entrer, se rendre dans un lieu.

Casser les pieds.   Ne plus avoir le choix.

Être au pied du mur.   Ennuyer, importuner.

Mettre les pieds quelque part.   C'est très agréable.

10 **BILAN**

Sur la branche d'un arbre était en <u>sentinelle</u>
Un vieux Coq adroit et <u>matois</u>.
« Frère, dit un Renard, adoucissant sa voix,
Nous ne sommes plus en **querelle** :
Paix générale cette fois. »

Jean de La Fontaine, « Le Coq et le Renard » (1668).

a) Coche la double-page où figure le mot *branche* :

☐ BOUTON-BRANDADE   ☐ BRANDEBOURG-BREF

b) Recopie la première définition de ces deux homonymes :

1. **coq** : ....
....

2. **coq** : ....
....

c) Recopie l'abréviation de la classe grammaticale et la définition des mots soulignés.

sentinelle : ....
....

matois : ....
....

d) Fournis les renseignements demandés pour les mots en gras.

querelle SYN. : ....

paix ANT. : ....

L'origine et la formation des mots

J'observe

« Le <u>Loup</u> et le Chien » et « Le <u>Chêne</u> et le <u>Roseau</u> » sont des <u>fables</u> de La Fontaine.

Observe les mots soulignés et relie-les à leur origine. Aide-toi du dictionnaire si besoin.

loup •   • gaulois *cassanus*

chêne •   • latin *fabula*

roseau •   • latin *lupus*

fable •   • germanique *raus*

Je retiens

A D'OÙ VIENNENT LES MOTS FRANÇAIS ?

• Les mots français viennent majoritairement des **langues de l'Antiquité** (latin, grec, germanique et gaulois) : *livre* (latin) *bibliothèque* (grec) *ruche* (gaulois)

• L'étude de l'**origine des mots** et de **leur évolution** s'appelle l'**étymologie**.
Elle permet souvent de comprendre l'**orthographe** : *loup,* du latin *lupus*, se termine par un *p*.

• Les autres mots ont été **empruntés à des langues étrangères** au fil des siècles.

spaghetti (italien) *moustique* (espagnol) *week-end* (anglais) *café* (arabe)

B COMMENT LES MOTS SE SONT-ILS FORMÉS ?

• La plupart des mots ont été **fabriqués à partir d'un mot simple** ou de son **radical**.
Ils forment des **familles de mots**.

→ *transport, rapporter* sont formés à partir du mot simple *port.*

→ *illisible, lisiblement* sont formés à partir du radical *lis-* (= lire).

→ *transport, transporter, importer, exportation* sont des mots de la famille de *port.*

• Certains mots sont formés de **deux mots** ou **deux radicaux** collés ou séparés
par un trait d'union ou une préposition. Ce sont des **mots composés**.

biographie, portefeuille, chaise longue, abat-jour, pomme de terre

Je m'entraîne

Pour faire les exercices, n'hésite pas à consulter un **dictionnaire** !

1 **Trouve un mot français venant des mots latins ou grecs suivants.**

  ■ **1.** rosa : ....   • aqua : ....   • infans : ....

  ■ **2.** tabula : ....   • mater : ....   • mikros : ....

  ■ **3.** puer : ....   • ludus : ....   • chronos : ....

2 **Remplace les mots ou groupes de mots par un mot étranger fréquemment employé.**

  ■ **1.** fin de semaine : ....   • petite saucisse rouge et épicée : ....

  ■ **2.** tarte salée garnie de tomates et de fromage : ....   • pantalon court : ....

  ■ **3.** jeune fille qui garde les enfants : ....   • enlever (un enfant) : ....

3 **Relie le mot français et son origine.**

- 🟨 **1.** *mosquito* (espagnol) •
- 🟨 **2.** *mostaccio* (italien) •
- 🟧 **3.** *az-zahr* (arabe) •
- 🟧 **4.** *schîbe* (allemand) •
- 🟥 **5.** *blato* (gaulois) •
- 🟥 **6.** *al djabr* (arabe) •

- • algèbre
- • blé
- • cible
- • moustache
- • hasard
- • moustique

4 **Trouve un mot français dont l'orthographe s'explique par les lettres en gras du mot latin ou grec.**

- 🟨 **1.** tem**pus** : .... • lu**p**us : ....
  - • ni**d**us : ....
  - • pa**x** : ....
- 🟧 **2.** **rh**inos : ....
  - • gra**ph**o : .... • cor**pus** : ....
- 🟥 **3.** di**git**us (partie du corps) : ....
  - • vi**g**i**n**t**i** (chiffre) : .... • vo**x** : ....

5 **Trouve deux familles de mots dans chaque liste et souligne l'une en rouge et l'autre en bleu.**

1
- • porter   • enterrer
- • portable • importer
- • exporter • atterrir
- • terrain   • terrasse

2
- • faire   • aération
- • défaire • aérer
- • aérosol • faisable
- • air   • aérien

3
- • livre   • libérer
- • liberté   • libération
- • librairie • librement
- • libraire • libre

6 **Utilise les mots pour former des noms composés correspondant aux définitions.**

moulin • salle • dents • coffre • jour • fort • manger • poivre • brosse • abat

- 🟨 **1.** endroit où on prend les repas : ....
- 🟨 **2.** ustensile nécessaire à l'hygiène de la bouche : ....
- 🟧 **3.** endroit où l'on range les objets précieux : ....
- 🟥 **4.** ustensile permettant de moudre : ....
- 🟥 **5.** évite d'être ébloui quand on regarde une lampe : ....

7 **Classe les mots composés suivants sur la bonne ligne.**

monologue • tire-bouchon • chemin de fer • bande dessinée • bibliothèque • archéologie • clair de lune • moulin à poivre • maître d'hôtel • polythéiste

- 🟨 **1.** un seul mot : ....
- 🟧 **2.** deux mots avec ou sans trait d'union : ....
- 🟥 **3.** deux mots avec préposition : ....

8 *J'applique pour écrire*

À ton tour, fabrique des mots composés fantaisistes, puis explique à quoi ils servent. Voici quelques idées, mais tu peux en inventer d'autres :

un chemin de lune, une brosse à poivre…

Consigne
- au moins 3 mots
- 5 lignes

Chacun son rythme

Coche la couleur que tu as le mieux réussie.
🟨 Relève de nouveaux défis ! ⟶ exercices 1, 2, p. 102
🟧 Améliore tes performances ! ⟶ exercice 3, p. 102
🟥 Confirme ta réussite ! ⟶ exercices 4, 5, p. 102

32 La formation des mots dérivés

inégal, égalité, égal, égaliser, également, inégalité

Quel mot de la liste constitue le radical commun à tous les autres ? ....

Dans quels mots le radical est-il précédé des deux mêmes lettres ? ....

Dans quels mots est-il suivi des quatre mêmes lettres ? ....

Je retiens

A COMMENT FORME-T-ON UN MOT DÉRIVÉ ?

- On prend un **mot simple** ou un **radical** et on lui ajoute un **préfixe** et / ou un **suffixe**.

  in/utile   *leg/al*

  préfixe + mot simple   radical signifiant *loi* + **suffixe**

- Le **mot simple** est un **mot français** qui n'a ni préfixe ni suffixe.
- Le **radical**, issu du **latin** ou du **grec**, a un **sens**. ▶ fiche 34

B QUEL EST LE RÔLE DU PRÉFIXE ?

- Le préfixe se place **avant le radical** et **modifie son sens** : *impossible* (= pas possible)
- ⚠ L'orthographe du préfixe **peut changer** en fonction de la **première lettre du radical**.

  préfixe **in-** ➞ **in**connu, **im**possible, **il**légal, **ir**régulier

- Quelques préfixes ▶ p. 123 : **con-, com-** (avec) **pré-** (avant) **ac-, ad-** (vers)

  re- (à nouveau)   **ex-** (hors de) **trans-** (au-delà, à travers)

C QUEL EST LE RÔLE DU SUFFIXE ?

- Le suffixe se place **après le radical** et indique la **classe grammaticale** du mot : *rêver* (verbe), *rêverie* (nom)
- Il peut aussi modifier le **sens du radical** : *maisonnette* (suffixe diminutif = petite maison)
- Quelques suffixes ▶ p. 123 : **-age, -ade, -eur** (pour les noms)

  -able, -aire, -al, -eux, -if (pour les adjectifs)

  -ette, -on, -eau (diminutifs)   **-âtre, -ard** (péjoratifs)

Je m'entraîne

1 Encadre les préfixes et / ou les suffixes.

1. impossible • maisonnette • mécontent • coupure • gentiment • épouvantable

2. irréalisable • fleuriste • atterrir • inutilité • emportement • imperméable

3. transportable • exportation • immobilité • décomposition • démentir • malhonnêteté

2 Forme deux mots dérivés à partir de chaque mot simple.

Les lettres du **mot simple** peuvent légèrement **changer** au cours de la dérivation.

1. gros : .... • terre : ....

2. mer : .... • pointe : ....

3. vieux : .... • clair : ....

3 Utilise un des préfixes pour former un mot de sens contraire.

in- (im-, il-, ir-) • dé- (dés-) • a- • mé- • mal-

1. ......correct • ......content • ......régulier

2. ......réel • ......faire • ......adroit

3. ......chance • ......normal • ......organiser

4 Indique le sens du préfixe *in-* (*im-*, *il-*, *ir-*) dans les mots donnés : *négatif* ou *dans*.

1. instable : .... • importer : ....

2. inanimé : .... • implanter : ....

3. immerger : .... • impatient : ....

5 Utilise des suffixes pour transformer ces adjectifs en noms puis en verbes.

1. UTILE   nom : ....   verbe : ....

2. GRAND   nom : ....   verbe : ....

3. INQUIET   nom : ....   verbe : ....

6 Forme un mot de la même famille en modifiant ou en supprimant le préfixe et / ou le suffixe.

1. apporter : .... • introuvable : ....

2. incompréhensible : .... • inutile : ....

3. réunifier : .... • acclamation : ....

7 Utilise des suffixes pour trouver les mots correspondant à ces définitions.

1. petite fille : .... • petit lion : .... • petit ours : ....

2. petit oiseau : .... • d'un vilain vert : .... • petit loup : ....

3. petit chien : .... • papier sans intérêt : .... • faire de petits sauts : ....

8 *J'applique pour écrire*

Remplace les mots surlignés par un dérivé en *-ible* ou *-able*.
Indice : les rimes sont croisées !

....

....

....

La cigale se plaint à la fourmi.
« Chère voisine,
Je n'ai pas du tout été RAISON,
Mais je suis sûre que vous serez SENS
À mon malheur, et qu'en cet hiver ÉPOUVANTE
Vous m'aiderez à apaiser ma faim HORREUR. »

D'après Jean de la Fontaine, « La Cigale et la Fourmi » (1668).

Coche la couleur que tu as le mieux réussie.

Relève de nouveaux défis ! ⟶ **exercices 6, 7, p. 102**

Améliore tes performances ! ⟶ **exercice 8, p. 102**

Confirme ta réussite ! ⟶ **exercices 9, 10, p. 103**

Chacun son rythme

La formation des mots à partir d'éléments latins ou grecs

J'observe

Le mot *monologue* est formé à partir de deux radicaux grecs : *monos (= seul)* et *logos (= parole)*.

D'après sa formation, quel est le sens du mot *monologue* ? ....
....

Je retiens

A COMMENT FORME-T-ON DES MOTS DÉRIVÉS ?

- À partir d'un **radical latin** ou **grec**, on ajoute un **préfixe** et / ou un **suffixe**. ▶ fiche 32
  radical *vis- (= voir)* ➡ vis**ible**, vis**ibilité**, vis**ion** (suffixes), **in**vis**ible** (préfixe et suffixe)
- La **forme du radical** peut être légèrement **modifiée** au cours de la dérivation.
  *fi*able, *fid*èle, con*fi*er ➡ le radical est *fi / fid* et signifie *confiance*

B COMMENT FORME-T-ON DES MOTS COMPOSÉS ?

- On associe **deux radicaux grecs** ou **latins**.
  orthographe = ortho (= droit, correct) + graph- (= écrire)
- On peut aussi associer un **radical grec** ou **latin** à un **mot français**.
  autoportrait = auto (= soi-même) + portrait

Remarque : on peut utiliser des **radicaux grecs et latins de même sens** pour former des mots dérivés ou composés.
  radical *equ-* ou *hipp- (= cheval)* ➡ **équ**estre, **hipp**ique, **hipp**odrome

Je m'entraîne

*Pour faire les exercices, n'hésite pas à consulter un **dictionnaire** !*

1 Encadre le radical des mots et indique son sens.

1. manuel • manœuvre • maniable • manette : ....
....

2. lisible • lisibilité • illisible • liseuse : ....

3. éloquent • locution • loquace • élocution :

2 Forme trois mots dérivés à partir des radicaux latins suivants.

1. *spect- (= regarder)* : ....
....

2. *cred- (= croire)* : ....
....

3. *nov(o)- (= nouveau)* : ....

3 Forme deux mots dérivés à partir des radicaux grecs suivants.

▢ **1.** *aer(o)-* (= air) : ....
....

▢ **2.** *graph-* (= écrire) : ....
....

▢ **3.** *ethn(o)-* (= peuple) : ....
....

   • *-scope* (= voir) : ....
....

4 Forme deux mots dérivés ou composés pour chacun des radicaux synonymes.

▢ **1.** *voc-* / *phon-* (= voix) : ....
....

▢ **2.** *popul-* / *dém-* (= peuple) : ....
....
....

▢ **3.** *aqua-* / *hydr-* (= eau) : ....
....
....

5 Trouve les noms composés correspondant aux définitions à partir des radicaux proposés.

- *hippo-* : cheval
- *thalass-* : mer
- *kinési-* : mouvement
- *thérap-* : soigner
- *bio-* : vie
- *kéros* : corne
- *drom-* : course
- *log-* : étude
- *omni-* : tout
- *-vore* : qui mange
- *rhino-* : nez

▢ **1.** endroit où les chevaux courent : ....
▢ **2.** animal avec une corne sur le nez : ....
▢ **3.** soigner par l'eau de mer : ....
▢ **4.** étude de la vie : ....
▢ **5.** soigner par le mouvement : ....
▢ **6.** qui mange de tout : ....

6 Trouve les deux radicaux de ces mots composés et donne leur sens.

▢ **1.** somnambule : ....
▢ **2.** polychrome : ....
▢ **3.** philanthrope : ....

Tu peux t'aider du sens du mot ou le chercher dans le dictionnaire.

7 Forme deux mots composés en ajoutant un autre radical et un mot français.

▢ **1.** *auto-* (= soi-même) : ....
▢ **2.** *télé-* (= au loin) : ....
▢ **3.** *mono-* (= un seul) : ....

8 *J'applique pour écrire*

À l'aide des radicaux suivants et de ceux de l'exercice 5, invente trois mots qui n'existent pas et qui pourraient correspondre aux définitions.

-mètre : qui mesure • *oto-* : oreille • *chrono-* : temps • *aqua* : eau • *-phobie* : peur

Qui mesure les nez : ....   Peur des oreilles : ....
Qui dévore les chevaux : ....

À présent, choisis-en un et invente une petite histoire.

Coche la couleur que tu as le mieux réussie.

▢ Relève de nouveaux défis ! ⟶ **exercices 11, 12, p. 103**
▢ Améliore tes performances ! ⟶ **exercice 13, p. 103**
▢ Confirme ta réussite ! ⟶ **exercices 14, 15, p. 103**

Chacun son rythme

101

Chacun son rythme

L'origine et la formation des mots

■ **1. Labo des mots** Complète les phrases avec le mot français issu du mot latin entre parenthèses.

1. J'écris avec un (*stilus*) ....

2. Je prends des cours d'(*equus*) ....

3. Je suis dans la même classe que ma (*soror*) ....

4. Paul est le (*filius*) .... de ma voisine.

■ **2. Quiz** Coche les phrases vraies.

☐ Beaucoup de mots français viennent du latin ou du grec ancien.

☐ Les mots composés sont toujours en deux mots.

☐ L'étymologie est l'étude de l'origine des mots.

☐ Les mots d'une même famille ont le même radical.

■ **3. Méli-mélo** Voici des noms composés fantaisistes. Reconstitue les vrais noms composés dont les éléments ont été mélangés.

- chauve-fleur   • sac à manger   • brosse à souris
- chou à cheveux   • après-dos   • salle à midi

....
....
....

■ **4. Range-mots** On a mélangé quatre familles de mots : trouve le mot simple ou le radical de chacune et classe les mots d'une même famille.

terrible • sec • salir • terrain • sèchement • terr- (peur) • terrasse • salissure • terreur • dessécher • terrifier • sale • atterrir • terroriser • séchoir • terrassier • salement • terriblement • terre

Mot simple ou radical	Mots de la même famille

5. Charade

Mon premier est une lettre portant un accent. **Mon deuxième** est le contraire de *sombre*. **Mon troisième** est un liquide transparent. **Mon quatrième** est le contraire de *froid*. **Mon cinquième** est une boisson gazeuse. **Mon tout** est un nom composé désignant une pâtisserie.

Réponse : ....

La formation des mots dérivés

■ **6. Range-mots** Classe ces mots.

emporter • transformation • facilement • extrait • inlassablement • prénom • rapidité • illumination • grandeur • véritable • transport • inexact

> **Mots avec préfixe** ....
> ....

> **Mots avec suffixe** ....
> ....

> **Mots avec préfixe et suffixe** ....
> ....
> ....

■ **7. Quiz** Coche les phrases vraies.

☐ Les préfixes se placent avant le radical et les suffixes après.

☐ Les suffixes modifient toujours le sens du radical.

☐ Les mots d'une même famille ont toujours le même sens.

☐ Les suffixes indiquent souvent la classe grammaticale.

■ **8. Labo des mots** Complète avec des mots dérivés du mot simple proposé.

Noms	Verbes	Adjectifs
....	....	faible
glace	....	....
famille	....	....
mur	....	....
....	....	clair
....	....	pâle
....	....	rouge

🟥 **9.** *Devinette* **Barre tous les mots ayant un préfixe et / ou un suffixe pour trouver l'énoncé d'une devinette que tu devras résoudre.**

> qu'expatrierestenterrer-cedisponiblequ'transportune recommencerchauve-sourisincessantavecdéraciner unepluviositéperruque ?

Devinette : ....

....

Réponse : ....

🟥 **10.** *Méli-mélo* **À partir des mots ou des éléments suivants, forme quatre mots dérivés et quatre mots composés.**

• rouge	• dé-	• attrape	• trans-	• faire	• sens
• moulin	• gorge	• vent	• in-	• chaise	• à
• blanch-	• port	• longue	• nigaud	• -eur	• -é

MOTS DÉRIVÉS

....

....

MOTS COMPOSÉS ....

....

....

....

....

La formation des mots à partir d'éléments latins ou grecs

🟨 **11.** *Quiz* **Coche les bonnes propositions.**

Les radicaux latins et grecs :

☐ permettent de former uniquement des mots composés.

☐ permettent de former des mots dérivés ou composés.

☐ ont parfois le même sens.

☐ n'ont jamais le même sens.

🟨 **12.** *Méli-mélo* **Tous les radicaux ont été mélangés : regroupe-les par deux pour compléter les phrases.**

ortho • mètre • scope • graphe • micro • drome • chrono • hippo

1. Je n'ai fait qu'une faute d' ....

2. Les chevaux courent sur un ....

3. J'ai observé des cellules au ....

4. Prends ton .... pour évaluer mes performances.

🟧 **13.** *Jeu du pendu* **Retrouve les mots formés à partir des radicaux latins ou grecs suivants.**

-cide (= tuer) • *équi-* (= égal) • *ortho-* (= droit, correct)

1. J'ai acheté un I .... E, car nous avons beaucoup de moustiques.

2. Un triangle É .... L a trois côtés égaux.

3. J'ai rendez-vous chez l'O .... E pour faire vérifier mon appareil dentaire.

🟥 **14.** *Charades* **Résous ces charades pour trouver des radicaux. Utilise-les pour former des mots qui compléteront les phrases.**

1. Mon premier désaltère, **mon second** est le contraire de *tard* et **mon tout** signifie *soi-même*.

Réponse : ....

Phrase : Dans une ...., un écrivain raconte sa propre vie.

2. Mon premier est le contraire de *maigre*, **mon second** est le contraire de *vrai* et **mon tout** signifie *écriture*.

Réponse : ....

Phrase : Un .... étudie les écritures.

3. Mon premier est le contraire de *bas*, **mon second** est un groupe de lettres ayant un sens et **mon tout** signifie *semblable*.

Réponse : ....

Phrase : Les .... se prononcent de la même façon.

🟥 **15.** *Mots mêlés* **Retrouve 7 radicaux grecs dans la grille et associe-les à *-logue* (= parole) ou *-logie* (= étude) pour trouver les mots définis.**

1. étude de la succession des événements : ....

2. étude du cœur : ....

3. discours d'une seule personne : ....

4. étude de la vie : ....

5. étude de l'écriture : ....

6. étude de la terre, des sols : ....

7. étude de l'esprit : ....

C	H	R	O	N	O
P	S	Y	C	H	O
C	A	R	D	I	O
E	V	O	I	B	O
M	O	N	O	H	E
O	H	P	A	R	G

34 Les synonymes et les antonymes

Quelle petite maison ! Ici toutes les habitations sont minuscules sauf celle-là qui est grande.

Relève deux adjectifs et deux noms de même sens : ....

Pourquoi n'a-t-on pas utilisé deux fois le même mot ? ....

Relève deux adjectifs de sens contraire : ....

Je retiens

A **QU'EST-CE QU'UN SYNONYME ?**

- Des synonymes sont des mots **de même sens** ou **de sens très proche**.
- On utilise un synonyme pour **donner le sens** d'un mot (dictionnaire) ou **éviter une répétition**.
  *Que vous êtes **joli**, que vous me semblez **beau** !*

B **QU'EST-CE QU'UN ANTONYME ?**

- Des antonymes sont des mots de sens **contraire**.
  beau / laid ; partir / rester
- Un antonyme peut se former à l'aide d'un **préfixe**.
  *content / **mé**content.*

Remarques :

- Les synonymes et les antonymes appartiennent à la **même classe grammaticale**.
  grand / petit (adjectifs) *; se souvenir / se rappeler* (verbes)
- Ils peuvent appartenir à des **niveaux de langue différents** ou avoir un sens **plus ou moins fort**.
  laid / moche (plus familier) *; petit / énorme* (plus fort)

Je m'entraîne

1 Choisis dans la liste le synonyme de chaque mot.

bref • poltron • las • vaste • aigu • aisé • serein • isolement • exquis

- ■ **1.** délicieux : .... • grand : ....
  • court : ....
- ■ **2.** facile : .... • calme : ....
  • solitude : ....
- ■ **3.** fatigué : .... • pointu : ....
  • peureux : ....

2 Choisis dans la liste l'antonyme de chaque mot.

petit • avare • ouvert • sortie • rapide • rigide • méchant • ancien • murmurer

- ■ **1.** grand : .... • entrée : ....
  • gentil : ....
- ■ **2.** fermé : .... • lent : ....
  • nouveau : ....
- ■ **3.** généreux : .... • souple : ....
  • crier : ....

3 Trouve un synonyme de chaque verbe souligné.

Dans une rédaction, **évite** les verbes *avoir, être, faire* et utilise des **verbes précis**.

■ **1.** Je fais du piano. ➡ ....

• Je fais la vaisselle. ➡ ....

■ **2.** Elle est à une autre adresse. ➡ ....

• Il a des lunettes. ➡ ....

■ **3.** Il a une douleur au pied. ➡ ....

....

• Elle a une belle voiture. ➡ ....

4 Trouve un antonyme de chaque mot.

■ **1.** calme : .... • vérité : ....

• pousser : ....

■ **2.** accélérer : .... • salir : ....

• casser : ....

■ **3.** réussir : ....

• passionnant : ....

• rassembler : ....

5 Trouve un synonyme et un antonyme du mot *clair* adaptés au contexte.

Lorsqu'un mot a **plusieurs sens**, il a aussi **plusieurs synonymes** et **antonymes**.

■ **1.** Cette pièce est très **claire**.

SYN. ....

ANT. ....

■ **2.** L'eau de ce ruisseau est **claire**.

SYN. ....

ANT. ....

■ **3.** Ton exposé était très **clair**.

SYN. ....

ANT. ....

6 Trouve pour chaque mot un synonyme et un antonyme de sens plus fort.

■ **1.** beau

SYN. ....

ANT. ....

■ **2.** froid

SYN. ....

ANT. ....

■ **3.** gentil

SYN. ....

ANT. ....

7 Les mots soulignés sont familiers, trouve-leur un synonyme d'un niveau de langue courant.

■ **1.** Je me suis fait piquer mon sac. ➡ .... • Ça caille. ➡ ....

■ **2.** Il s'est encore paumé. ➡ .... • Je suis crevé. ➡ ....

■ **3.** Arrête de râler. ➡ .... • Quel radin ! ➡ ....

8 **J'applique pour lire**

« Sans **mentir**, si votre ramage
Se rapporte à votre plumage,
Vous êtes le Phénix des hôtes de ces bois. »
À ces mots le corbeau ne se sent pas de **joie**
Et pour **montrer** sa belle voix
Il **ouvre** un **large** bec, laisse tomber sa proie.

Jean de La Fontaine, *Fables* (1668),
« Le Corbeau et le Renard ».

a) Quels mots ou expressions de la fable sont synonymes des mots suivants ?

• habitants : .... • chant : ....

• paroles : .... • ressemble : ....

• lâche : .... • forêts : ....

b) Trouve un antonyme pour chaque mot en gras.

• mentir : ....

• joie : .... • montrer : ....

• ouvre : .... • large : ....

9 **J'applique pour lire**

Imagine un récit où quelqu'un de trop naïf se fait piéger. Puis souligne quatre mots de ton récit : donne un synonyme pour deux d'entre eux et un antonyme pour les deux autres.

Consigne
• 5 lignes

Chacun son rythme

Coche la couleur que tu as le mieux réussie.

■ Relève de nouveaux défis ! ➡ exercices 1, 2, p. 110
■ Améliore tes performances ! ➡ exercices 3, 4, p. 110
■ Confirme ta réussite ! ➡ exercices 5, 6, p. 110

35 Les différents sens d'un mot

J'observe

1. Mes parents m'ont acheté un nouveau **bureau**.

2. Mes parents ne sont pas là en ce moment, ils sont au **bureau**.

Le mot en gras a-t-il le même sens dans les deux phrases ? ....

Relie chaque phrase à la bonne définition :

phrase 1 •   • meuble de travail

phrase 2 •   • lieu de travail

Je retiens

A QUELLES SONT LES DEUX CATÉGORIES DE MOTS ?

- Certains mots ont **un seul sens** : *un microscope*
- Beaucoup de mots ont **plusieurs sens** : c'est la **polysémie**.

  *Mon frère est **grand** pour son âge.* (taille) *C'est un **grand** jour pour nous !* (importance)

Remarque : dans un dictionnaire, les différents sens sont numérotés. ▶ fiche méthode 4

B QUELS SONT LES DIFFÉRENTS SENS D'UN MOT ?

- Un mot a un **sens premier** ou **sens propre**, qui correspond à son sens **étymologique**.
- Les autres sens peuvent venir d'un **élargissement du sens**.

  Le sens premier de bureau est meuble de travail, puis le sens s'est élargi au *lieu de travail.*

- Ils peuvent aussi venir d'une **image**, c'est le **sens figuré**.

  *Un **tapis de feuilles** recouvre le sol.* ➡ *Il y a tant de feuilles que cela ressemble à un tapis.*

Remarque : le sens figuré se retrouve aussi dans des expressions : *avoir un **chat** dans la gorge.*

Je m'entraîne

Pour faire les exercices, n'hésite pas à consulter un **dictionnaire** !

1 Invente une phrase où le mot souligné aura un autre sens.

■ **1.** Il avait une couronne sur la <u>tête</u>. ....

■ **2.** Elle a le <u>nez</u> retroussé. ....

■ **3.** J'ai <u>dévoré</u> le gâteau. ....

2 Souligne le mot en gras utilisé au sens propre.

■ **1.** PETIT Je t'ai préparé un bon **petit** plat. • Mets-toi devant : tu es **petit**.

■ **2.** RICHE Il a gagné au loto, il est très **riche**. • Tu as eu une **riche** idée en m'offrant ce livre.

■ **3.** BRILLANT Mon frère est un élève **brillant**. • Avec ce nouveau shampoing mes cheveux sont **brillants**.

3 Trouve le mot qui correspond aux définitions données.

 1. Extrémité de la jambe qui sert à se tenir debout et à marcher. Partie d'un objet qui sert d'appui : ....

 2. Présenter les plats et les boissons aux invités. Être utile à quelqu'un : ....

 3. Extrêmement petit ou mince. D'une intelligence subtile, d'un goût délicat : ....

4 Invente une phrase où le nom de l'animal sera pris au sens figuré.

 1. CHAT ....

 2. CHIEN ....

 3. LOUP ....

5 Exprime la même idée à l'aide du mot proposé pris au sens figuré.

 1. Tu as de la chance.   POT → ....

 2. Il s'est enfui.   CLÉ → ....

 3. Elle a mauvais caractère.   TÊTE → ....

6 Invente deux phrases où le mot donné aura un sens différent.

 1. LUNE **sens propre :** ....

   sens figuré : ....

 2. BOL **sens propre :** ....

   sens figuré : ....

 3. BRAS **sens propre :** ....

   sens figuré : ....

7 Relie les phrases ayant le même sens.

 1. Ils se sont battus.   •   • Il a la **main** verte.

 2. Il m'a aidé.   •   • Il n'y est pas allé de **main** morte.

 3. Il s'est occupé de cette affaire. •   • Il m'a donné un coup de **main**.

 4. Il a affaire à une personne sérieuse. •   • Ils en sont venus aux **mains**.

 5. Il s'occupe très bien des plantes. •   • Il est entre de bonnes **mains**.

 6. Il a frappé violemment.   •   • Il a pris l'affaire en **main**.

8 *J'applique pour écrire*

Rédige quatre phrases comportant le mot *tête* avec un sens différent à chaque fois.

....
....
....
....

Coche la couleur que
tu as le mieux réussie.

 Relève de nouveaux défis ! ⟶ **exercices 7, 8, p. 110**
 Améliore tes performances ! ⟶ **exercices 9, p. 110 et 10, p. 111**
 Confirme ta réussite ! ⟶ **exercices 11, 12, p. 111**

*Chacun
son rythme*

36 Les champs lexicaux

J'observe

froid, neige, skier, glacial, grelotter, bonnet

À quelle saison ces mots te font-ils penser ? ....

Je retiens

A QU'EST-CE QU'UN CHAMP LEXICAL ?

• On appelle champ lexical l'ensemble des **mots** qui se rattachent à **un même thème**.

ballon, poupée, jouer, amusant (champ lexical du jeu)

B DE QUOI SE COMPOSE UN CHAMP LEXICAL ?

• Un champ lexical peut comporter des mots appartenant à des **classes grammaticales différentes**.

ballon (nom), *jouer* (verbe)

• On peut y trouver des **synonymes** et des **antonymes**.

se souvenir, se rappeler (synonymes), *oublier* (antonyme) = champ lexical de la mémoire

C À QUOI SERT L'ÉTUDE D'UN CHAMP LEXICAL ?

• L'étude d'un champ lexical permet de repérer les **thèmes principaux** d'un texte.

Je m'entraîne

1 Indique le champ lexical auquel appartiennent les mots de chaque liste.

▮ **1.** poulet, frites, pomme, fraise, dévorer ➡ **champ lexical de** ....

▮ **2.** montagne, sommet, escalader, alpinisme ➡ **champ lexical de** ....

▮ **3.** roman, nouvelle, théâtre, écrivain, poète ➡ **champ lexical de** ....

2 Dans chaque liste, barre les mots qui n'appartiennent pas au champ lexical indiqué.

▮ **1. Les arbres :** reverdir, fleurs, chanter, feuillage, écorce, pelouse, vert, fleuri, tronc.

▮ **2. Le feu :** flamme, brûler, chaud, blanc, cheminée, attiser, arriver, réchauffer.

▮ **3. La littérature :** roman, écrire, piano, théâtral, rime, poétique, vacarme, auteur, peintre.

3 Complète chaque liste par un mot appartenant au même champ lexical et de la classe grammaticale demandée.

▮ **1.** se réjouir, gaieté, rire, euphorie, joie `+ 1 ADJECTIF` ....

▮ **2.** veste, pantalon, déchiré, élégant, robe `+ 1 VERBE` ....

▮ **3.** audacieux, héroïque, hardi, vaillant, résister `+ 1 NOM` ....

4 Constitue une liste de cinq mots appartenant au champ lexical du GN proposé.
Ta liste comportera, au moins, deux synonymes (à souligner en rouge) et deux antonymes (à souligner en bleu).

▢ **1.** Le temps qu'il fait : ....

....

▢ **2.** L'apparence physique : ....

....

▢ **3.** Les sentiments : ....

....

5 « **Printemps** »
Le temps a laissé **son manteau**
De vent, de froidure et de pluie,
Et **s'est vêtu** de **broderie**,
De soleil luisant, clair et beau.

Charles d'Orléans, *Rondeaux* (XVᵉ siècle).

▢ **a)** Relève les mots appartenant au champ lexical du titre. ....
....

▢ **b)** Quelle autre saison est évoquée ? Relève les mots appartenant à son champ lexical.
....
....

▢ **c)** À quel champ lexical appartiennent les mots en gras ? Pourquoi le poète l'utilise-t-il ? ....
....
....
....

6 **J'applique pour lire**

« **Ballade à la lune** »
C'était, dans la nuit brune,
Sur le clocher jauni,
      La lune
Comme un point sur un i.

Lune, quel esprit sombre
Promène au bout d'un fil,
      Dans l'ombre,
Ta face et ton profil ?

Alfred de Musset, « Ballade à la lune » (1829).

a) Relève les mots du poème appartenant au champ lexical de la nuit. ....
....
....

b) Trouve cinq mots appartenant au champ lexical du jour. ....
....

c) Le mot *lune* peut être rattaché au champ lexical de l'espace. Trouve d'autres mots s'y rattachant. ....
....
....

7 **J'applique pour écrire**

Aimerais-tu faire un voyage dans l'espace ?
Réponds à cette question en justifiant ta réponse.

Consigne
• 15 lignes
• Au moins 2 champs lexicaux (voyage, peur, aventure...)

Chacun son rythme

Coche la couleur que tu as le mieux réussie.

▢ Relève de nouveaux défis ! ⟶ exercices 13, 14, p. 111
▢ Améliore tes performances ! ⟶ exercice 15, p. 111
▢ Confirme ta réussite ! ⟶ exercice 16, p. 111

Chacun son rythme

Les synonymes et les antonymes

1. Range-mots Remplace le mot souligné par un synonyme de la liste.

cercle • romps • centre • ramasser • immédiatement • terminé

1. Retire-toi <u>instantanément</u>. ....

2. Dessine-moi un <u>rond</u>. ....

3. Nous sommes au <u>milieu</u> du lac. ....

4. Ne <u>casse</u> pas cette branche. ....

5. J'ai <u>fini</u> mon repas. ....

6. Je vais <u>enlever</u> les miettes. ....

2. Quiz Coche les phrases vraies.

☐ Deux synonymes ont le même sens ou un sens très proche.

☐ Deux antonymes ont des sens contraires.

☐ Les antonymes peuvent être de classes grammaticales différentes.

☐ Deux antonymes peuvent appartenir à des niveaux de langue différents.

3. Méli-mélo Forme des couples de synonymes et des couples d'antonymes.

cousu • clarté • répliquer • clair • faux • reculer • s'amuser • vrai • obscurité • répondre • avancer • décousu • lumineux • jouer

COUPLES DE SYNONYMES ....

....

COUPLES D'ANTONYMES ....

....

....

4. Jeu du pendu Retrouve le synonyme de ces mots (1 lettre par tiret).

1. permettre : A .... R

2. adresse : H .... É

3. réunir : R .... R

4. démolir : D .... E

5. admirable : R .... E

6. éblouir : A .... R

5. Chasse aux intrus Barre l'intrus, puis justifie ton choix.

1. grand • clair • petit • facile • foncé • rapide • difficile

Justification : ....

....

2. écarter • éloigner • séparer • désunir • rassembler

Justification : ....

6. Pyramide Complète cette pyramide à l'aide des antonymes de ces mots.

1. non

2. plein

3. fin

4. dedans

5. donner

6. jamais

Les différents sens d'un mot

7. Quiz Coche les bonnes réponses.

☐ Aucun mot n'a qu'un seul sens.

☐ Beaucoup de mots ont plusieurs sens.

☐ Dans le dictionnaire, on ne trouve que le premier sens.

☐ Le sens figuré repose en général sur une image.

8. Remue-méninges Souligne en bleu les mots en gras utilisés au sens propre.

1. Avoir des **mains** fines. • Avoir une **main** de fer.

2. La **pluie** tombe depuis deux jours. • Il fait la **pluie** et le beau temps dans la maison.

3. Il a pris la **clé** des champs. • Nous avons ouvert avec la **clé**.

9. Méli-mélo Retrouve les expressions au sens figuré dont on a mélangé les éléments.

| avoir un chat dans | les pieds | de vipère | voler dans |
| une langue | casser | la gorge | être | les plumes |

....

....

....

....

🟧 **10.** *Mot mystère* **Un même mot a été effacé dans ces phrases : à toi de le retrouver.**

Prends une _____ à la boulangerie.

Ses cheveux sont raides comme des _____ .

J'aimerais avoir une _____ magique.

Je n'aime pas qu'on me mène à la _____ .

Le mot mystère est : _____

🟥 **11.** *Remue-méninges* **Complète ces expressions au sens figuré en t'aidant des définitions et des mots donnés.**

ventre • chats • linotte • sac • peau • dents • bleue • poule

1. Être pris la sur le fait ➡ être pris la _____ dans le _____

2. Courir très vite ➡ courir _____ à

3. Avoir d'autres sujets de préoccupation ➡ avoir d'autres _____ à

4. Être très étourdi ➡ avoir une _____ de _____

5. Changer complètement ➡ faire _____

6. Être terrorisé ➡ avoir _____

7. Avoir très froid ➡ avoir _____ _____

8. Être très ambitieux ➡ avoir _____ _____

🟥 **12.** *Pyramide* **Complète la pyramide en trouvant les mots manquants dans les expressions figurées.**

1. Ne passe pas du _____ à l'âne.

2. Tu es vraiment _____ en l'air !

3. Tu sors de chez le coiffeur, tu as la _____ à zéro.

4. Il s'est beaucoup entraîné, il est au _____ de sa forme.

5. Tu es retard et tu as oublié ton livre, c'est le _____ !

6. Aïe ! J'ai fait une _____ !

Les champs lexicaux

🟨 **13.** *Quiz* **Coche les phrases vraies.**

Dans un champ lexical, on trouve :

☐ Des mots appartenant au même thème.

☐ Des mots ayant tous la même classe grammaticale.

☐ Des mots appartenant à des classes grammaticales différentes.

☐ Des synonymes mais pas d'antonymes.

🟨 **14.** *Chasse à l'intrus* **Barre l'intrus dans chaque liste, puis justifie ta réponse.**

1. flamme • incendie • brûler • fraîcheur • cheminée • étincelle

Justification : Le mot _____ n'appartient pas au champ lexical _____ .

2. forêt • plaine • rivière • vallon • immeuble • fleurs • colline

Justification : Le mot _____ n'appartient pas au champ lexical _____ .

3. oreille • yeux • bouche • joues • jambe • nez • front

Justification : Le mot _____ n'appartient pas au champ lexical _____ .

🟧 **15.** *Méli-mélo* **Dans cette liste sont mélangés deux champs lexicaux : nomme-les, puis classe correctement les mots.**

montagne • sommet • voilier • natation • ski • surf • régate • luge • alpinisme • château de sable • escalade • plage • remonte-pente • pédalo

Champ lexical de _____

_____

Champ lexical de _____

_____

🟥 **16.** *Labo des mots* **Complète ce tableau à l'aide des mots proposés.**

lecture • jaloux • agile • défauts • blesser • mouvements • détendu • saut • jouer

Champ lexical	Noms	Adjectifs	Verbes
loisirs	....	....	....
....	méchanceté		
....	....	....	courir

JE SAIS METTRE EN PAGE LE DÉBUT D'UN TEXTE

• Un texte commence toujours par une **majuscule** et souvent par un retrait appelé **alinéa**.

• La majuscule est parfois **mise en valeur** sous forme d'une **lettrine** (lettre d'une taille plus grande). Tu n'es pas obligé de mettre une lettrine pour les textes que tu rédiges.

1 Lis ce texte, puis réponds aux questions.

> Il était une fois un gentilhomme qui épousa en secondes noces une femme, la plus hautaine et la plus fière qu'on eût jamais vue.
>
> Charles Perrault, « Cendrillon », 1697.

a) Souligne la lettrine du texte.

b) Marque d'une croix l'alinéa du texte.

JE SAIS METTRE EN PAGE UN PARAGRAPHE

• Un paragraphe est une **partie de texte**, qui correspond à **une étape** dans un récit.

• Il commence toujours par une **majuscule** et souvent par un **alinéa** qui permettent de le repérer rapidement. Il compte en général plusieurs phrases. Le paragraphe suivant se repère par un **passage à la ligne**. Les paragraphes rendent le récit **plus clair**.

2 Lis ce résumé de la fable de La Fontaine « Le lièvre et la tortue », puis réponds aux questions.

> Une tortue, animal très lent, défia un jour un lièvre à la course. Elle prétendait être capable de franchir la ligne d'arrivée avant lui. Le lièvre accepta ce pari qu'il jugeait facile à gagner. Le jour de la course arriva : dès que le signal du départ fut donné, la tortue se mit en route. Le lièvre, sachant qu'il était beaucoup plus rapide, prit son temps. Il se reposa, s'amusa, mangea pendant que la tortue avançait tranquillement. Tout à coup, il vit que la tortue était tout près du but, il s'élança comme une flèche. Mais ce ne fut pas suffisant, la tortue arriva la première. La morale de cette fable est : « Rien ne sert de courir, il faut partir à point. »

1. Ce résumé n'a pas été mis en page : délimite par des crochets quatre paragraphes.

2. Que peut-on ajouter pour améliorer la clarté de la présentation de ce texte ?

....

....

3. Réécris ce texte avec la bonne mise en page.

....

....

....

....

....

....

....

JE SAIS METTRE EN PAGE UN DIALOGUE

- Un dialogue est souvent encadré par des **guillemets** : « .... »
- Des **tirets** et un **passage à la ligne** marquent le **changement d'interlocuteur**.

La tortue s'approcha du lièvre et lui dit :
« Je suis sûre que je peux arriver la première.
– Tu te moques de moi », lui répondit-il.

3 **Lis ce texte, puis réponds aux questions.**

Ulysse et ses compagnons étaient prisonniers d'une créature très dangereuse, le cyclope Polyphème. Mais Ulysse, toujours rusé, eut une très bonne idée. Il s'approcha aimablement du Cyclope et lui dit : Cyclope, tu as passé une journée fatigante, tu prendras bien un peu de vin. Si tu me donnes du vin et si tu me dis ton nom, je t'offrirai un présent. Je m'appelle Personne.

■ **1. Dans ce texte, les dialogues n'ont pas été mis en page. Délimite le passage dialogué par des accolades.**

■ **2. Marque d'une parenthèse chaque changement d'interlocuteur.**

■ **3. Réécris ce texte en mettant correctement le texte et les dialogues en page.**

....
....
....
....
....
....
....
....

4 **J'applique pour écrire**

Le Cyclope révéla alors le cadeau qu'il avait promis : Personne aurait le privilège d'être dévoré après tous les autres ! Puis comme il avait bu une grande quantité de vin, il finit par s'écrouler ivre mort. Pendant ce temps, Ulysse, aidé de ses compagnons, attrapa un long pieu d'olivier qu'il avait taillé en pointe. Il le plongea longtemps dans le feu jusqu'à ce qu'il soit sur le point de s'enflammer et le plongea dans l'œil unique de Polyphème avant de s'éloigner au plus vite avec ses amis. Alors le Cyclope, éveillé en sursaut, poussa un hurlement terrible et arracha le pieu. Puis il appela à l'aide ses voisins les Cyclopes. Pourquoi nous réveilles-tu au milieu de la nuit ? Que se passe-t-il ? Quelqu'un t'a-t-il attaqué ? Oui, Personne m'a attaqué. Alors nous ne pouvons rien pour toi. Et les Cyclopes repartirent chez eux en riant.

a) Délimite par des accolades le dialogue, marque d'une parenthèse les changements d'interlocuteur.

b) Délimite trois paragraphes dans le récit précédent le dialogue en soulignant le premier mot de chaque paragraphe.

c) Réécris tout le passage en le mettant en page correctement.

Chacun son rythme

Coche la couleur que tu as le mieux réussie.

■ Relève de nouveaux défis ! ⟶ **exercice 1, p. 120**
■ Améliore tes performances ! ⟶ **exercice 2, p. 120**
■ Confirme ta réussite ! ⟶ **exercice 3, p. 120**

38 Je sais ponctuer un texte

• Une **phrase** a un **sens**. Elle commence par une majuscule et se termine par un signe de ponctuation forte : le **point**, le **point d'interrogation** (question), le **point d'exclamation** (expression d'un sentiment) ou les **points de suspension** (hésitation, phrase inachevée).

1 Utilise la ponctuation forte qui convient à la fin de ces phrases.

■ **1.** Je joue au foot tous les mercredis ...... • Et toi quel sport pratiques-tu ......

■ **2.** À quelle heure est l'entraînement ...... • Nous nous entraînons à 18 heures ......

■ **3.** Comme tu joues bien ...... • Moi aussi je jouais bien, mais malheureusement ......

2 Recopie ces phrases en rétablissant la bonne ponctuation forte et les majuscules.

■ **1.** J'ai acheté de nouvelles. Chaussures j'achèterai le reste de l'équipement. Le mois prochain

....

....

■ **2.** Où êtes-vous. Allés ce week-end nous étions. à la campagne ? ....

....

■ **3**. Comme les paysages… Étaient beaux jamais auparavant. Nous n'avions visité cette région.
Avec ses lacs, ses montagnes, ses cascades. ....

....

....

• La **virgule sépare** des mots ou des groupes de mots (énumérations, compléments…).
• Le **point-virgule isole** des propositions qui ont un sens.
• Le **deux-points annonce** une énumération, une explication ou des paroles.

3 Complète par une virgule ou un point-virgule.

■ **1.** Je vous ai apporté des pommes .... des poires .... une salade et des tomates.

■ **2.** J'ai fait les courses ce matin .... j'ai acheté du pain .... du lait et de l'eau.

■ **3.** Cet été .... nous avons bien profité du soleil .... à présent .... nous sommes prêts
à affronter vent .... pluie et neige.

4 Recopie les phrases suivantes en rétablissant la bonne ponctuation faible.

■ **1.** Hier soir. Nous sommes allés au théâtre nous avons ? vu une pièce de Molière. ....

....

■ **2.** Il fallait ! Être au théâtre. À vingt heures ? mais nous avons raté le train. ....

■ **3.** Nous avons dû, prendre : un taxi. Il nous a déposés ; une minute ! avant le lever, de rideau. ......

....

JE SAIS PONCTUER UN DIALOGUE

- Le dialogue est **introduit par un deux-points** et des **guillemets**.
- Les **tirets en début de ligne** marquent un changement d'interlocuteur.

À l'intérieur d'un dialogue, on peut intégrer entre virgules une petite proposition comme : *dit-il, me répond-il.*

5 Recopie ces phrases en ponctuant correctement les dialogues.

1. Ma mère m'a demandé à quelle heure rentres-tu

....

2. En arrivant au théâtre, ma sœur m'a dit tu devrais quitter ton manteau je préfère le garder

....

....

3. Ne te dérange pas pour moi m'a dit ma sœur je ferai le trajet toute seule

....

....

6 Corrige les fautes de ponctuation contenues dans ces dialogues.

1. « Il m'a dit je n'ai pas encore fini ». ....

2. « Où vas-tu de ce pas ? » lui ai-je demandé « y a-t-il le feu quelque part ? »

....

....

3. Il m'a dit « ne reste pas là. De quel droit me donnes-tu des ordres ! »

....

....

7 **J'applique pour écrire**

Voici un texte sans aucun signe de ponctuation. Réécris-le en rétablissant la ponctuation et les majuscules manquantes.

À 21 ans Molière rencontre une comédienne appelée Madeleine Béjart il fonde avec elle sa première troupe de théâtre un jour Molière dit à ses comédiens nous avons des difficultés financières partons sur les routes de France pendant douze ans ils parcoururent l'Ouest puis le Sud de la France en jouant de nombreuses comédies

....

....

....

....

....

....

....

....

Coche la couleur que tu as le mieux réussie.

Relève de nouveaux défis ! ⟶ exercices 4, 5, p. 120

Améliore tes performances ! ⟶ exercice 6, p. 120

Confirme ta réussite ! ⟶ exercice 7, p. 120

Chacun son rythme

39 Je sais utiliser le bon niveau de langue

1 Coche le niveau de langue correspondant.

	FAMILIER	COURANT	SOUTENU
1. T'es où ?	☐	☐	☐
2. J'arriverai avec dix minutes de retard.	☐	☐	☐
3. Nous nous réjouissons de cette perspective.	☐	☐	☐
4. Ils ont réussi.	☐	☐	☐
5. Ils partirent à l'aube.	☐	☐	☐
6. T'as-vu ta tête ?	☐	☐	☐

2 Classe ces mots et expressions. Tu peux consulter un dictionnaire.

résider • habiter • crécher • sublime • trop cool • bien • las • fatigué • crevé
• godasses • chaussures • souliers • dérober • voler • piquer • tu kiffes ?
• apprécies-tu ? • est-ce que tu aimes ?

Courant	Familier	Soutenu
....	....	....
....	....	....
....	....	....
....	....	....

3 Souligne les mots familiers et remplace-les par un synonyme courant.

1. Mon prof a une nouvelle bagnole. ....

2. Mon pote s'est fait virer du bahut. ....

3. J'ai trop la trouille de me paumer. ....

JE SAIS CONSTRUIRE DES PHRASES GRAMMATICALEMENT CORRECTES

- Phrases **négatives** : ne pas oublier la **1ʳᵉ partie de la négation**. ▶ fiche 22
- Phrases **interrogatives** : ne pas oublier l'**inversion du sujet** ou *est-ce que*. ▶ fiche 21
- Ne pas utiliser d'**abréviations** : *t'es* au lieu de *tu es.*
- Ne pas supprimer un **pronom personnel sujet** : *Faut qu'on fasse vite* au lieu de *Il faut.*
- Ne pas reprendre inutilement un **sujet** ou un **complément** (comme à l'oral) : *Pierre, il est parti* au lieu de *Pierre est parti.*

4 Corrige les fautes contenues dans ces phrases négatives ou interrogatives.

■ **1.** On l'a pas vu de la journée. Il est où ? ....
....

■ **2.** On a rien oublié. À quelle heure on part ? ....

■ **3.** Où c'est ? J'ai trouvé l'adresse nulle part. ....

5 Réécris les phrases en rétablissant les lettres ou les pronoms manquants.

■ **1.** T'es énervant, faut toujours qu'on te répète les consignes. ....
....

■ **2.** Faut pas croire que t'as déjà gagné. ....

■ **3.** J'te dis qu'y a assez de place pour tout le monde. ....

6 Réécris les phrases en supprimant les reprises inutiles.

■ **1.** Paul, il a encore oublié ses affaires. ....

■ **2.** Des erreurs, tu en commettras toujours. ....

■ **3.** Cette phrase, on l'a répétée cent fois. ....

7 Réécris ces phrases en utilisant un niveau de langue courant.

■ **1.** J'aime pas ses nouvelles fringues, j'trouve qu'elles lui vont pas.
....

■ **2.** Son histoire, j'la crois pas. Pourquoi il a menti ? ....
....

■ **3.** On a pas un peu trop bouffé ? Toi, t'en penses quoi ? ....
....
....

8 *J'applique pour écrire*

Voici la fable « Le Corbeau et le Renard » résumée en langage familier. Réécris-la en langage courant.

Un renard qu'avait la dalle voit un corbeau avec un fromage. « Hé ! Salut, mon pote, t'es trop beau toi ! Y paraît qu'tu chantes aussi bien qu't'es beau ! » C't andouille de corbeau ouvre le bec et lâche le fromage. Le renard se grouille de l'emporter.

Chacun son rythme

Coche la couleur que tu as le mieux réussie.
- Relève de nouveaux défis ! ⟶ exercices 8, 9, p. 121
- Améliore tes performances ! ⟶ exercice 10, p. 121
- Confirme ta réussite ! ⟶ exercices 11, 12, p.121

Je sais rédiger différents types de textes

JE SAIS RÉDIGER UN TEXTE NARRATIF

• Un texte narratif **raconte une histoire**.

• Les **actions principales** sont au présent (récit au présent) ou au **passé simple** (récit au passé).

• Pour marquer l'enchaînement des événements, il faut utiliser des **connecteurs de temps** : adverbes, conjonctions, GN compléments circonstanciels tels que *d'abord, ensuite, à ce moment, enfin, quelques jours plus tard…*

1 **Utilise les connecteurs de temps proposés pour compléter ces extraits de récit.**

une heure plus tard • le soir • enfin • peu à peu • à l'entrée • quand • à sept heures • ensuite • aussitôt • et • quelques instants après • puis • à ce moment • alors

Il y a parfois deux possibilités, mais tu ne dois pas utiliser deux fois le même connecteur.

■ .... les élèves se retrouvèrent devant le collège avec leurs sacs à dos. ...., ils montèrent dans le car pour atteindre le point de départ de la randonnée. ...., l'ascension commença. ...., ils rentrèrent chez eux épuisés mais enchantés.

■ ...., il ne vit rien, la pièce était très sombre ; ...., ses yeux s'accoutumèrent à l'obscurité. .... il distingua une forme étrange qui se dirigeait vers lui. .... la panique le gagna .... il regagna rapidement la sortie.

■ .... Laura pénétra dans la pièce, tous les regards se tournèrent vers elle. ...., elle se sentit rougir, ... alla s'asseoir. ...., les conversations reprirent, Laura put .... retrouver son calme.

JE SAIS RÉDIGER UN TEXTE DESCRIPTIF

• Un texte descriptif décrit le **lieu**, le **décor** dans lequel se déroule un récit.

• Les temps utilisés sont le **présent** (texte au présent) ou l'**imparfait** (texte au passé).

• Emploie un vocabulaire **précis** et **varié**. Évite les verbes *être* et *avoir* ou des adjectifs trop banals (*beau, grand, petit*).

Il y avait un beau soleil ce matin. ➝ *Un soleil **éclatant illuminait** la matinée.*

• Pour permettre au lecteur de mieux visualiser la scène décrite, on utilise des **connecteurs de lieu** : *au fond, au premier plan, à droite, au milieu, partout, loin, en haut, en bas…*

2 **Remplace les mots soulignés par des termes plus précis, plus expressifs. Tu peux supprimer des mots, en modifier ou en ajouter d'autres. Aide-toi des mots suivants.**

décorer • se dresser • s'étendre • entourer • surplomber • dominer • paître • brouter…

■ **1.** Le gâteau <u>était très beau</u>, il <u>y avait</u> douze bougies roses <u>dessus</u>. ....
....

■ **2.** Leur maison <u>est</u> nouvelle. Autour, il <u>y a</u> un <u>grand</u> jardin. ....

■ **3.** La prairie <u>est</u> verte, il <u>y a</u> des moutons <u>qui mangent</u>, et <u>derrière il y a</u> une haute montagne. ....
....

3 Complète ces phrases à l'aide de connecteurs de lieu de ton choix (plusieurs solutions sont valables).

■ **1.** _____ deux enfants jouent aux cartes ; _____ on distingue une petite rivière ; _____ on aperçoit la forêt.

■ **2.** Rentre dans ma chambre : tu vois _____ mon lit, _____ mon bureau et _____ la fenêtre qui donne sur le parc.

■ **3.** _____, les vacanciers se reposent ; _____ les vagues frappent le rivage ; _____ on aperçoit les voiles des bateaux.

JE SAIS RÉDIGER UN TEXTE ARGUMENTATIF

- Un texte **argumentatif** a pour but de **convaincre**, de **justifier** une action ou une opinion.
- Pour justifier, on utilise des **arguments** qui expliquent **pourquoi** on a agi, pourquoi on défend telle opinion.

  *Je n'ai pas participé à la réunion **parce qu'il y avait trop de monde et que l'on ne pouvait rien voir**.*

- Pour montrer l'**enchaînement des arguments**, on utilise des **connecteurs logiques** : *car, parce que, puisque, pour que, en effet, mais, ainsi, de plus…*

4 Utilise deux connecteurs différents pour compléter chaque phrase.

c'est pourquoi • car • donc • en effet • mais • ainsi • pourtant

■ **1.** Ils ne sont pas venus _____ leur voiture était en panne.

■ **2.** Nous avons tout préparé _____ nous sommes sûrs d'être prêts à l'heure.

■ **3.** Cette équipe a de grandes qualités, _____ elle a été dominée par ses adversaires.

5 Complète ces phrases argumentatives en respectant les consignes.

■ **1.** Je serai en retard à notre rendez-vous (1 argument + 1 connecteur) _____
_____

■ **2.** J'ai beaucoup aimé le roman que nous devions lire (2 arguments + 2 connecteurs) _____
_____
_____

■ **3.** J'ai été très déçue par la dernière représentation de notre club-théâtre (3 arguments + 3 connecteurs)
_____
_____
_____

N'utilise pas toujours les mêmes connecteurs.

6 **J'applique pour écrire**

Rédige un texte qui rendra compte d'une sortie culturelle (visite d'une ville, d'un musée...) ou sportive.
Ton texte comportera trois parties : une narration pour raconter l'événement, une description pour décrire le lieu et une argumentation pour exposer et justifier ce que tu as ressenti.

Consigne
- 15 lignes

Chacun son rythme

Coche la couleur que tu as le mieux réussie.

■ Relève de nouveaux défis ! ⟶ **exercice 13, p. 121**
■ Améliore tes performances ! ⟶ **exercice 14, p. 121**
■ Confirme ta réussite ! ⟶ **exercice 15, p. 121**

Chacun son rythme

Je sais mettre en page un texte

🟨 **1.** *Quiz* **Coche les phrases vraies.**

☐ Une lettrine est une majuscule qui met en valeur le début d'un texte.

☐ Un alinéa est un retrait.

☐ Un paragraphe comporte toujours une seule phrase.

☐ Un dialogue doit être encadré par des guillemets.

🟧 **2.** *Méli-mélo* **Les paragraphes de ce début de conte ont été mélangés. Retrouve le bon ordre et mets-les en page (ne recopie que le début de chaque phrase).**

Il eut l'idée de remplir ses poches de petits cailloux. Il les sèmerait en chemin pour retrouver facilement le chemin de la maison. Un jour, il surprit une conversation entre ses parents. Ceux-ci projetaient de les conduire dans la forêt et de les y abandonner puisqu'ils n'avaient plus rien pour les nourrir. Le plus jeune était si petit qu'on l'avait surnommé Le Petit Poucet. Il était très intelligent et avait toujours d'excellentes idées. Il était une fois un couple de bucherons très pauvres. Ils avaient sept enfants qu'ils avaient le plus grand mal à nourrir.

....
....
....
....
....
....
....
....
....
....

🟥 **3.** *Remue-méninges* **Le récit et les dialogues sont mêlés. Rétablis la bonne présentation.**

Ce soir-là, à peine rentrée, j'ai entendu ma mère qui m'interpellait. Karima, viens ici tout de suite ! cria-t-elle. Je répondis : j'arrive tout de suite, que se passe-t-il ? Je viens de recevoir un appel de la principale du collège, parce que tu n'as pas été à la demi-pension. Je veux que tu m'expliques ce qui s'est passé. Je la rassurai : ne t'inquiète pas, j'avais juste oublié le devoir que j'avais à rendre, je suis repassée à la maison pour le récupérer.

....
....
....
....
....
....
....
....

Je sais ponctuer un texte

🟨 **4.** *Bon point* **Entoure la bonne ponctuation.**

1. Où avez-vous passé vos vacances **?** / **!**

2. Quel temps **.** / **!**

3. Apporte ce que tu veux : ballons, jeux de cartes, raquettes **.** / **...**

4. Elle m'a réservé un accueil charmant **?** / **.**

🟨 **5.** *Quiz* **Coche les phrases vraies.**

☐ Après le point-virgule, on met une majuscule.

☐ Les points de suspension s'utilisent pour une phrase inachevée ou une hésitation.

☐ Il existe deux sortes de points.

☐ La virgule et le deux-points ne sont pas suivis d'une majuscule.

🟧 **6.** *Abracadabra* **Rétablis les virgules disparues.**

1. Vous trouverez tout l'équipement dans notre magasin : chaussures chaussettes gants bonnets.

2. Chaque matin dans mon lit au réveil j'écoute la radio.

3. Ils ont commencé l'escalade à sept heures ils ont fait une pause au bout de deux heures se sont arrêtés pour déjeuner et sont redescendus dans la vallée.

🟥 **7.** *Double sens* **Ponctue ces phrases de deux façons pour obtenir deux sens différents.**

1. Paul dit le professeur est absent aujourd'hui.

1. ....

2. ....

2. Il a affirmé ensuite personne n'est entré.

1. ....

2. ....

Je sais utiliser le bon niveau de langue

🟨 **8.** *Range-phrases* **Classe les numéros des phrases dans la bonne colonne.**

1. Il fait beau. **2.** Ce mets est exquis. **3.** C'est moche !
4. Ça va pas ? **5.** Où réside-t-il actuellement ? **6.** Nous ne voudrions pas vous importuner. **7.** Est-ce qu'il est là ?
8. Nous sommes contraints de vous inviter à patienter.

Niveau courant	Niveau soutenu	Niveau familier
....	....	....

🟨 **9.** *Chasse aux intrus* **Barre le mot qui n'appartient pas au même niveau de langue que les autres.**

1. effroi • désappointement • offense • timoré • trouillard • exécrer • s'immiscer

2. correct • pauvre • raisonnable • bien • facile • sérieux • dingue

3. fastoche • godasse • engueuler • se marrer • déglingué • accalmie • dégueulasse

🟧 **10.** *Labo des mots* **Transforme ces phrases en langage courant.**

1. J'y crois pas ! Tu t'es encore planté ? ....
....

2. Jules, j'le connais, y s'marre tout le temps. ....
....

3. On avait rien capté à cause du boucan. ....
....

🟧 **11.** *Méli-mélo* **Mets ces éléments dans l'ordre pour retrouver deux phrases interrogatives. Classe-les sur la bonne ligne.**

c'est • a • quand • rencard • rendez-vous • est-ce que • avons • quand • nous • qu'on

Niveau courant : ....
....

Niveau familier : ....

🟧 **12.** *Charade* **Résous la charade, puis complète la phrase avec le mot trouvé. Enfin, réécris-la en langage courant.**

Mon premier comporte douze mois. **Mon deuxième** désigne la bouche de certains animaux. **Mon troisième** est une voyelle avec un accent. **Mon tout** complète la phrase que tu devras réécrire en utilisant un niveau de langue courant.

Réponse : ....

Phrase : *J'me suis fait* .... *, j'étais à la bourre !*

Langage courant : ....
....

Je sais rédiger différents types de textes

🟨 **13.** *Quiz* **Coche les phrases vraies.**

☐ Un texte narratif raconte une histoire.

☐ Un texte descriptif est toujours au passé simple.

☐ On utilise des connecteurs de lieu dans un texte descriptif.

☐ Un texte argumentatif a pour but de convaincre.

🟧 **14.** *Range-mots* **Range ces connecteurs sur la bonne ligne.**

parce que • au fond • en haut • d'abord • à ce moment-là • donc • c'est pourquoi • plus tard • à droite • en effet • ainsi • partout • enfin

Lieu	....
Temps	....
Logique	....

🟧 **15.** *Méli-mélo* **Replace ces connecteurs mélangés dans la phrase qui convient, puis indique le type du texte.**

car • quand • tout autour • aussitôt • alors • au fond • devant

1. .... tout le monde fut sur la ligne de départ, il donna .... le signal ; les coureurs s'élancèrent.
Type de texte : ....

2. Tu n'as pas réalisé une très bonne performance .... tu ne t'es pas suffisamment entraîné. .... nous sommes obligés de t'éliminer de l'équipe première.
Type de texte : ....

3. .... vous se dresse le château, ... vous pouvez admirer un magnifique parc, ... vous apercevez les arbres de la forêt.
Type de texte : ....

PRONOMS ET DÉTERMINANTS

LES PRONOMS PERSONNELS

Les pronoms personnels varient en nombre et en personne et changent de forme selon leur fonction dans la phrase.

	DÉFINITIONS	EXEMPLES
1re et 2e personnes • *je • tu • nous • vous* → sujets • *me • moi • te • toi • nous • vous* → compléments	• Désignent **qui parle** et à **qui on parle**.	▸ *Tu as de grandes dents !* 2e pers. du sing. = pron. pers. sujet : désigne à qui l'on parle ▸ *Je vais te dévorer !* 1re pers. du sing. = pron. pers. sujet : désigne qui parle 2e pers. du sing. = pron. pers. compl. : désigne à qui l'on parle
3e personne • *il • elle • ils • elles* → sujets • *elle • elles • le • la • l' • les • lui • eux* → compléments	• Remplacent un **nom**, un **GN** ou le contenu d'une **phrase**.	▸ *Julie est grande. Elle mesure 1,80 m.* *Je le sais.* 3e pers. du sing. = pron. pers. sujet : remplace *Julie* 3e pers. du sing. = pron. pers. compl. : remplace la phrase précédente

LES DÉTERMINANTS

Les déterminants précèdent un nom avec lequel ils s'accordent en genre et en nombre.

	DÉFINITIONS	EXEMPLES
Les articles • **articles définis** : *le • la • les • l'*	• S'emploient **devant un nom déjà utilisé** ou bien **précisé**.	▸ *Les contes de Perrault sont célèbres.*
• **articles indéfinis** : *un • une • des*	• S'emploient **devant un nom jamais utilisé** ou **imprécis**.	▸ *J'aime lire des contes.*
• **articles définis contractés** : *au(x) • du • des*	• **Contraction** des prépositions *à* ou *de* et des articles *le* ou *les*.	▸ *Voici l'histoire du Petit Chaperon rouge.* = de + le
Les déterminants possessifs • *mon • ton • son • ma • ta • sa • mes • tes • ses • notre • votre • leur • nos • vos • leurs*	• S'emploient **devant un nom** qui a un **lien** (appartenance, filiation…) avec un autre nom du texte.	▸ *La petite fille porte du beurre à sa grand-mère.* = la grand-mère de la petite fille
Les déterminants démonstratifs • *ce • cet • cette • ces* • *ce… -ci / -là • cette… -ci / -là • ces… -ci / -là*	• S'emploient **devant un nom** que l'on montre ou dont on a **déjà parlé**.	▸ *J'ai lu les contes de Perrault et j'ai apprécié cette lecture.* = la lecture des contes de Perrault

LES PRINCIPAUX PRÉFIXES ET SUFFIXES

LES PRÉFIXES

Les préfixes se placent avant le radical ou le mot simple et ils en modifient le sens.

	SENS	EXEMPLES
a– • *an–*	• négatif	▶ *a*normal
ad– • *ap–* • *ac–*...	• vers	▶ *ad*dition • *ap*porter
com– • *con–* • *col–* • *co–*	• avec	▶ *con*courir • *col*ocataire
dé(s)–	• négatif	▶ *dés*obéir
dis–	• séparer	▶ *dis*joindre
e– • *ex–*	• à l'extérieur	▶ *ex*porter
en– • *em–* • *in–* • *im–*	• dans	▶ *em*plir • *im*porter
in– • *im–* • *ir–* • *il–*	• négatif	▶ *im*mortel • *il*lisible
mal– • *mé–*	• négatif	▶ *mal*honnête • *mé*content
pré–	• avant	▶ *pré*venir
re–	• répétition	▶ *re*tour • *re*faire • *re*venir
trans–	• au-delà	▶ *trans*porter

LES SUFFIXES

Les suffixes se placent après le radical ou le mot simple. Ils peuvent changer la classe grammaticale d'un mot, mais aussi changer son sens.

SUFFIXES DE NOMS COMMUNS

	EXEMPLES
–ade • *–age*	▶ gliss*ade* • lav*age*
–eur • *–ateur* • *–euse* • *–atrice* • *–teur* • *–trice*	▶ cherch*eur* • anim*ateur* • lec*trice*
–ien • *–ienne* • *–en* • *–enne*	▶ collég*ien*
–ement	▶ enlèv*ement*
–esse	▶ trist*esse* • ân*esse*
–er • *–ier* • *–ie* • *–erie*	▶ bouch*er* • épic*ier* • ling*erie*
–ise • *–isme* • *–iste*	▶ sott*ise* • héro*ïsme*
–oir • *–oire* • *–atoire*	▶ mouch*oir*
–té • *–eté* • *–ité*	▶ fier*té*
–ure	▶ chevel*ure*

SUFFIXES D'ADJECTIFS

	EXEMPLES
–able • *–ible* • *–uble* expriment la possibilité	▶ vari*able* • nuis*ible* • sol*uble*
–al • *–el*	▶ matin*al* • intellectu*el*
–ien • *–ienne* • *–en* • *–enne*	▶ aér*ien*
–eux • *–ueux* • *–euse*	▶ heur*eux* • lux*ueux*
–if • *–ive*	▶ sport*if*
–er • *–ier* • *–ière*	▶ gauch*er* • fruit*ier*
–ique	▶ héro*ïque*
–u	▶ ventr*u*

SUFFIXES DE VERBES

–er • *–ir* • *–ifier* • *–iser*	▶ chant*er* • fin*ir* • final*iser*

SUFFIXE D'ADVERBES

–ment (ajouté à un adjectif)	▶ heureuse*ment*

SUFFIXES MODIFIANT LE SENS

	SENS	EXEMPLES
–et • *–ette* • *–ot* • *–otte* • *–eau* • *–on*	• diminutifs	▶ jardin*et* • fill*ette* • laper*eau*
–asse • *–âtre*	• péjoratifs	▶ paper*asse* • verd*âtre*

QUELQUES RADICAUX LATINS

	EXEMPLES
aqua– (eau) • *mar–* (mer) • *equ–* (cheval)	▶ *aqua*tique • *mar*itime • *équ*itation
multi– (nombreux)	▶ *multi*colore

QUELQUES RADICAUX GRECS

	EXEMPLES
bio– (vie) • *hydr–* (eau) • *chrono–* (temps)	▶ *bio*logie • *hydr*aulique • *chrono*mètre
poly– (nombreux)	▶ *poly*chrome

ORTHOGRAPHE : 20 RÈGLES D'OR

LES TERMINAISONS VERBALES

CONFUSIONS FRÉQUENTES	ASTUCES POUR LES DISTINGUER
Infinitif en *-er* ou participe passé en *-é* ?	*J'ai essay**é** de rentr**er** tôt.* **Participe passé** > remplacer par un verbe d'un autre groupe *(j'ai fini).* **Infinitif** > remplacer par un verbe d'un autre groupe *(finir).*
Infinitif en *-er* ou terminaison en *-ez* ?	*Vous aim**ez** vous promen**er**.* **Verbe conjugué** (2e pers. du plur.) > remplacer par *tu* *(tu aimes).* **Infinitif** > remplacer par un verbe d'un autre groupe *(divertir).*
Passé simple en *-ai* ou imparfait en *-ais* ?	**Passé simple** > remplacer par *il* *(il arriva).* *J'arriv**ai** tôt ce jour-là.* *J'arriv**ais** toujours à 8 heures.* **Imparfait** > remplacer par *il* *(il arrivait).*
Impératif avec ou sans *-s* ?	*Sor**s** ! Va dans le jardin ! Ne reste pas là.* > 2e pers. du sing : pas de *-s* pour les verbes du **1er groupe** et ***aller**.*

PENSE-BÊTE

DIFFICULTÉS FRÉQUENTES	RÈGLES	EXEMPLES
Pluriel des noms et adjectifs en *-al*	• Les noms ou adjectifs en *-al* ont leur pluriel en *-aux*. Sauf : *bal**s**, carnaval**s**, festival**s**, chacal**s**, récital**s**, régal**s**, banal**s**, bancal**s**, natal**s**, final**s***	*un journ**al** loc**al** → des journ**aux** loc**aux*** *un récit**al** origin**al** → des récitals origin**aux***
Pluriel des noms et adjectifs en *-ou*	• Les noms ou adjectifs en *-ou* ont leur pluriel en *-ous*. Sauf : *chou**x**, genou**x**, caillou**x**, hibou**x**, bijou**x**, pou**x**, joujou**x***	*un clou → des clou**s*** *un joujou mou → des joujou**x** mou**s***
La cédille (*ç*) pour obtenir le son (*s*)	• Devant *a, o, u* • Jamais devant *e, i*	*ma**ç**on, je pla**ç**ais, il con**ç**ut* *ceci, tu places*
Quelques **mots invariables** à mémoriser	*certe**s**, **d'**ailleurs, **da**vantage, désormai**s**, malgr**é**, néa**nm**oins, par**m**i, toujour**s***	
Quelques **noms communs** et **formes verbales** à mémoriser	*un poi**ds**, un pui**ts**, le tem**ps**, un cham**p**, un lyc**ée**, un mus**ée**, un chev**eu*** *nous faisons, vous faites, il faisait, il fera* *vous dites (présent), vous dîtes (passé simple)* *je m'assois ou je m'assieds* *je prends / je peins* *je couds/ je résous*	

LES HOMONYMES

CONFUSIONS FRÉQUENTES	ASTUCES POUR LES DISTINGUER

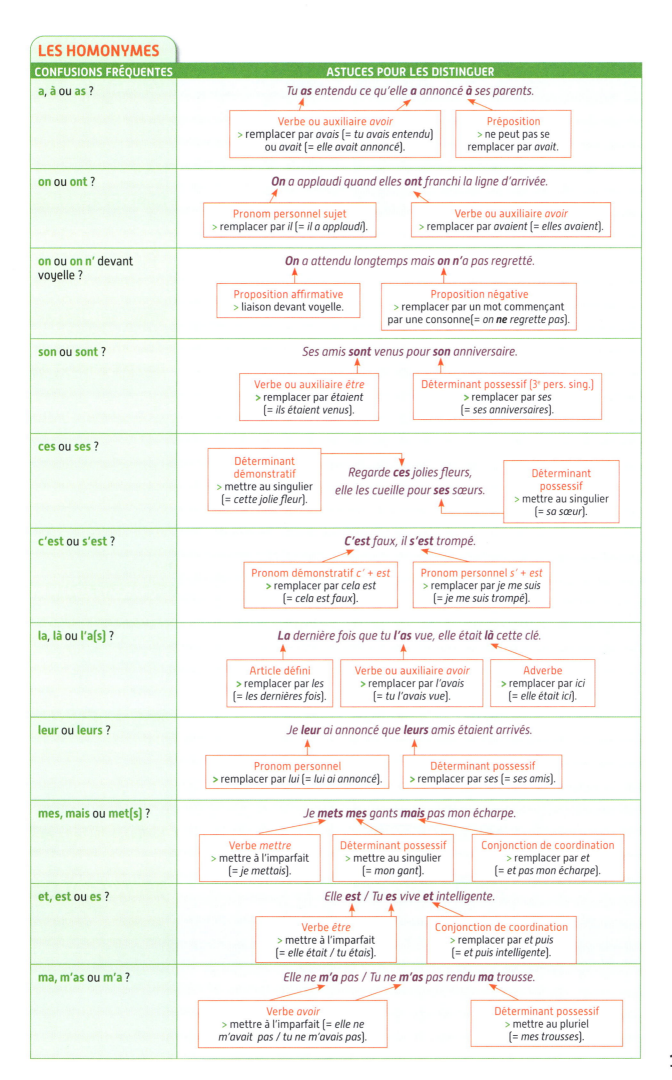

a, à ou **as** ?

*Tu **as** entendu ce qu'elle **a** annoncé **à** ses parents.*

Verbe ou auxiliaire *avoir*
> remplacer par *avais* (= *tu avais entendu*)
ou *avait* (= *elle avait annoncé*).

Préposition
> ne peut pas se remplacer par *avait*.

on ou **ont** ?

***On** a applaudi quand elles **ont** franchi la ligne d'arrivée.*

Pronom personnel sujet
> remplacer par *il* (= *il a applaudi*).

Verbe ou auxiliaire *avoir*
> remplacer par *avaient* (= *elles avaient*).

on ou **on n'** devant voyelle ?

***On** a attendu longtemps mais **on n'**a pas regretté.*

Proposition affirmative
> liaison devant voyelle.

Proposition négative
> remplacer par un mot commençant par une consonne (= *on **ne** regrette pas*).

son ou **sont** ?

*Ses amis **sont** venus pour **son** anniversaire.*

Verbe ou auxiliaire *être*
> remplacer par *étaient* (= *ils étaient venus*).

Déterminant possessif (3e pers. sing.)
> remplacer par *ses* (= *ses anniversaires*).

ces ou **ses** ?

*Regarde **ces** jolies fleurs, elle les cueille pour **ses** sœurs.*

Déterminant démonstratif
> mettre au singulier (= *cette jolie fleur*).

Déterminant possessif
> mettre au singulier (= *sa sœur*).

c'est ou **s'est** ?

***C'est** faux, il **s'est** trompé.*

Pronom démonstratif *c' + est*
> remplacer par *cela est* (= *cela est faux*).

Pronom personnel *s' + est*
> remplacer par *je me suis* (= *je me suis trompé*).

la, là ou **l'a(s)** ?

***La** dernière fois que tu **l'as** vue, elle était **là** cette clé.*

Article défini
> remplacer par *les* (= *les dernières fois*).

Verbe ou auxiliaire *avoir*
> remplacer par *l'avais* (= *tu l'avais vue*).

Adverbe
> remplacer par *ici* (= *elle était ici*).

leur ou **leurs** ?

*Je **leur** ai annoncé que **leurs** amis étaient arrivés.*

Pronom personnel
> remplacer par *lui* (= *lui ai annoncé*).

Déterminant possessif
> remplacer par *ses* (= *ses amis*).

mes, mais ou **met(s)** ?

*Je **mets** **mes** gants **mais** pas mon écharpe.*

Verbe *mettre*
> mettre à l'imparfait (= *je mettais*).

Déterminant possessif
> mettre au singulier (= *mon gant*).

Conjonction de coordination
> remplacer par *et* (= *et pas mon écharpe*).

et, est ou **es** ?

*Elle **est** / Tu **es** vive **et** intelligente.*

Verbe *être*
> mettre à l'imparfait (= *elle était / tu étais*).

Conjonction de coordination
> remplacer par *et puis* (= *et puis intelligente*).

ma, m'as ou **m'a** ?

*Elle ne **m'a** pas / Tu ne **m'as** pas rendu **ma** trousse.*

Verbe *avoir*
> mettre à l'imparfait (= *elle ne m'avait pas / tu ne m'avais pas*).

Déterminant possessif
> mettre au pluriel (= *mes trousses*).

ÊTRE

INDICATIF		CONDITIONNEL	
PRÉSENT	PASSÉ COMPOSÉ	PRÉSENT	PASSÉ
je suis	j'ai été	je serais	j'aurais été
tu es	tu as été	tu serais	tu aurais été
il est	il a été	il serait	il aurait été
nous sommes	nous avons été	nous serions	nous aurions été
vous êtes	vous avez été	vous seriez	vous auriez été
ils sont	ils ont été	ils seraient	ils auraient été
IMPARFAIT	PLUS-QUE-PARFAIT	IMPÉRATIF	
		PRÉSENT	
j'étais	j'avais été	sois	
tu étais	tu avais été	soyons	
il était	il avait été	soyez	
nous étions	nous avions été		
vous étiez	vous aviez été		
ils étaient	ils avaient été		
PASSÉ SIMPLE	PASSÉ ANTÉRIEUR	INFINITIF	
		PRÉSENT	PASSÉ
je fus	j'eus été	être	avoir été
tu fus	tu eus été	PARTICIPE	
il fut	il eut été	PRÉSENT	PASSÉ
nous fûmes	nous eûmes été	étant	été
vous fûtes	vous eûtes été		
ils furent	ils eurent été		
FUTUR SIMPLE	FUTUR ANTÉRIEUR		
je serai	j'aurai été		
tu seras	tu auras été		
il sera	il aura été		
nous serons	nous aurons été		
vous serez	vous aurez été		
ils seront	ils auront été		

AVOIR

INDICATIF		CONDITIONNEL	
PRÉSENT	PASSÉ COMPOSÉ	PRÉSENT	PASSÉ
j'ai	j'ai eu	j'aurais	j'aurais eu
tu as	tu as eu	tu aurais	tu aurais eu
il a	il a eu	il aurait	il aurait eu
nous avons	nous avons eu	nous aurions	nous aurions eu
vous avez	vous avez eu	vous auriez	vous auriez eu
ils ont	ils ont eu	ils auraient	ils auraient eu
IMPARFAIT	PLUS-QUE-PARFAIT	IMPÉRATIF	
		PRÉSENT	
j'avais	j'avais eu	aie	
tu avais	tu avais eu	ayons	
il avait	il avait eu	ayez	
nous avions	nous avions eu		
vous aviez	vous aviez eu		
ils avaient	ils avaient eu		
PASSÉ SIMPLE	PASSÉ ANTÉRIEUR	INFINITIF	
		PRÉSENT	PASSÉ
j'eus	j'eus eu	avoir	avoir eu
tu eus	tu eus eu	PARTICIPE	
il eut	il eut eu	PRÉSENT	PASSÉ
nous eûmes	nous eûmes eu	ayant	eu(es)
vous eûtes	vous eûtes eu		
ils eurent	ils eurent eu		
FUTUR SIMPLE	FUTUR ANTÉRIEUR		
j'aurai	j'aurai eu		
tu auras	tu auras eu		
il aura	il aura eu		
nous aurons	nous aurons eu		
vous aurez	vous aurez eu		
ils auront	ils auront eu		

JOUER (1ER GROUPE)

INDICATIF		CONDITIONNEL	
PRÉSENT	PASSÉ COMPOSÉ	PRÉSENT	PASSÉ
je joue	j'ai joué	je jouerais	j'aurais joué
tu joues	tu as joué	tu jouerais	tu aurais joué
il joue	il a joué	il jouerait	il aurait joué
nous jouons	nous avons joué	nous jouerions	nous aurions joué
vous jouez	vous avez joué	vous joueriez	vous auriez joué
ils jouent	ils ont joué	ils joueraient	ils auraient joué
IMPARFAIT	PLUS-QUE-PARFAIT	IMPÉRATIF	
		PRÉSENT	
je jouais	j'avais joué	joue	
tu jouais	tu avais joué	jouons	
il jouait	il avait joué	jouez	
nous jouions	nous avions joué		
vous jouiez	vous aviez joué		
ils jouaient	ils avaient joué		
PASSÉ SIMPLE	PASSÉ ANTÉRIEUR	INFINITIF	
		PRÉSENT	PASSÉ
je jouai	j'eus joué	jouer	avoir joué
tu jouas	tu eus joué	PARTICIPE	
il joua	il eut joué	PRÉSENT	PASSÉ
nous jouâmes	nous eûmes joué	jouant	joué(es)
vous jouâtes	vous eûtes joué		
ils jouèrent	ils eurent joué		
FUTUR SIMPLE	FUTUR ANTÉRIEUR		
je jouerai	j'aurai joué		
tu joueras	tu auras joué		
il jouera	il aura joué		
nous jouerons	nous aurons joué		
vous jouerez	vous aurez joué		
ils joueront	ils auront joué		

GRANDIR (2E GROUPE)

INDICATIF		CONDITIONNEL	
PRÉSENT	PASSÉ COMPOSÉ	PRÉSENT	PASSÉ
je grandis	j'ai grandi	je grandirais	j'aurais grandi
tu grandis	tu as grandi	tu grandirais	tu aurais grandi
il grandit	il a grandi	il grandirait	il aurait grandi
nous grandissons	nous avons grandi	nous grandirions	nous aurions grandi
vous grandissez	vous avez grandi	vous grandiriez	grandi
ils grandissent	ils ont grandi	ils grandiraient	vous auriez grandi
			ils auraient grandi
IMPARFAIT	PLUS-QUE-PARFAIT	IMPÉRATIF	
		PRÉSENT	
je grandissais	j'avais grandi	grandis	
tu grandissais	tu avais grandi	grandissons	
il grandissait	il avait grandi	grandissez	
nous grandissions	nous avions grandi		
vous grandissiez	vous aviez grandi		
ils grandissaient	ils avaient grandi		
PASSÉ SIMPLE	PASSÉ ANTÉRIEUR	INFINITIF	
		PRÉSENT	PASSÉ
je grandis	j'eus grandi	grandir	avoir grandi
tu grandis	tu eus grandi	PARTICIPE	
il grandit	il eut grandi	PRÉSENT	PASSÉ
nous grandîmes	nous eûmes grandi	grandissant	grandi(es)
vous grandîtes	vous eûtes grandi		
ils grandirent	ils eurent grandi		
FUTUR SIMPLE	FUTUR ANTÉRIEUR		
je grandirai	j'aurai grandi		
tu grandiras	tu auras grandi		
il grandira	il aura grandi		
nous grandirons	nous aurons grandi		
vous grandirez	vous aurez grandi		
ils grandiront	ils auront grandi		

CONJUGAISON DE *ALLER, FAIRE, DIRE, PRENDRE*

ALLER (3ᴱ GROUPE)

INDICATIF

PRÉSENT	PASSÉ COMPOSÉ
je vais	je suis allé(e)
tu vas	tu es allé(e)
il va	il (elle) est allé(e)
nous allons	nous sommes allé(e)s
vous allez	vous êtes allé(e)s
ils vont	ils (elles) sont allé(e)s

IMPARFAIT	PLUS-QUE-PARFAIT
j'allais	j'étais allé(e)
tu allais	tu étais allé(e)
il allait	il (elle) était allé(e)
nous allions	nous étions allé(e)s
vous alliez	vous étiez allé(e)s
ils allaient	ils (elles) étaient allé(e)s

PASSÉ SIMPLE	PASSÉ ANTÉRIEUR
j'allai	je fus allé(e)
tu allas	tu fus allé(e)
il alla	il (elle) fut allé(e)
nous allâmes	nous fûmes allé(e)s
vous allâtes	vous fûtes allé(e)s
ils allèrent	ils (elles) furent allé(e)s

FUTUR SIMPLE	FUTUR ANTÉRIEUR
j'irai	je serai allé(e)
tu iras	tu seras allé(e)
il ira	il (elle) sera allé(e)
nous irons	nous serons allé(e)s
vous irez	vous serez allé(e)s
ils iront	ils (elles) seront allé(e)s

CONDITIONNEL

PRÉSENT	PASSÉ
j'irais	je serais allé(e)
tu irais	tu serais allé(e)
il irait	il (elle) serait allé(e)
nous irions	nous serions allé(e)s
vous iriez	vous seriez allé(e)s
ils iraient	ils (elles) seraient allé(e)s

IMPÉRATIF

PRÉSENT
va
allons
allez

INFINITIF

PRÉSENT	PASSÉ
aller	être allé(es)

PARTICIPE

PRÉSENT	PASSÉ
allant	allé(es)

FAIRE (3ᴱ GROUPE)

INDICATIF

PRÉSENT	PASSÉ COMPOSÉ
je fais	j'ai fait
tu fais	tu as fait
il fait	il a fait
nous faisons	nous avons fait
vous faites	vous avez fait
ils font	ils ont fait

IMPARFAIT	PLUS-QUE-PARFAIT
je faisais	j'avais fait
tu faisais	tu avais fait
il faisait	il avait fait
nous faisions	nous avions fait
vous faisiez	vous aviez fait
ils faisaient	ils avaient fait

PASSÉ SIMPLE	PASSÉ ANTÉRIEUR
je fis	j'eus fait
tu fis	tu eus fait
il fit	il eut fait
nous fîmes	nous eûmes fait
vous fîtes	vous eûtes fait
ils firent	ils eurent fait

FUTUR SIMPLE	FUTUR ANTÉRIEUR
je ferai	j'aurai fait
tu feras	tu auras fait
il fera	il aura fait
nous ferons	nous aurons fait
vous ferez	vous aurez fait
ils feront	ils auront fait

CONDITIONNEL

PRÉSENT	PASSÉ
je ferais	j'aurais fait
tu ferais	tu aurais fait
il ferait	il aurait fait
nous ferions	nous aurions fait
vous feriez	vous auriez fait
ils feraient	ils auraient fait

IMPÉRATIF

PRÉSENT
fais
faisons
faites

INFINITIF

PRÉSENT	PASSÉ
faire	avoir fait

PARTICIPE

PRÉSENT	PASSÉ
faisant	fait(es)

DIRE (3ᴱ GROUPE)

INDICATIF

PRÉSENT	PASSÉ COMPOSÉ
je dis	j'ai dit
tu dis	tu as dit
il dit	il a dit
nous disons	nous avons dit
vous dites	vous avez dit
ils disent	ils ont dit

IMPARFAIT	PLUS-QUE-PARFAIT
je disais	j'avais dit
tu disais	tu avais dit
il disait	il avait dit
nous disions	nous avions dit
vous disiez	vous aviez dit
ils disaient	ils avaient dit

PASSÉ SIMPLE	PASSÉ ANTÉRIEUR
je dis	j'eus dit
tu dis	tu eus dit
il dit	il eut dit
nous dîmes	nous eûmes dit
vous dîtes	vous eûtes dit
ils dirent	ils eurent dit

FUTUR SIMPLE	FUTUR ANTÉRIEUR
je dirai	j'aurai dit
tu diras	tu auras dit
il dira	il aura dit
nous dirons	nous aurons dit
vous direz	vous aurez dit
ils diront	ils auront dit

CONDITIONNEL

PRÉSENT	PASSÉ
je dirais	j'aurais dit
tu dirais	tu aurais dit
il dirait	il aurait dit
nous dirions	nous aurions dit
vous diriez	vous auriez dit
ils diraient	ils auraient dit

IMPÉRATIF

PRÉSENT
dis
disons
dites

INFINITIF

PRÉSENT	PASSÉ
dire	avoir dit

PARTICIPE

PRÉSENT	PASSÉ
disant	dit(es)

PRENDRE (3ᴱ GROUPE)

INDICATIF

PRÉSENT	PASSÉ COMPOSÉ
je prends	j'ai pris
tu prends	tu as pris
il prend	il a pris
nous prenons	nous avons pris
vous prenez	vous avez pris
ils prennent	ils ont pris

IMPARFAIT	PLUS-QUE-PARFAIT
je prenais	j'avais pris
tu prenais	tu avais pris
il prenait	il avait pris
nous prenions	nous avions pris
vous preniez	vous aviez pris
ils prenaient	ils avaient pris

PASSÉ SIMPLE	PASSÉ ANTÉRIEUR
je pris	j'eus pris
tu pris	tu eus pris
il prit	il eut pris
nous prîmes	nous eûmes pris
vous prîtes	vous eûtes pris
ils prirent	ils eurent pris

FUTUR SIMPLE	FUTUR ANTÉRIEUR
je prendrai	j'aurai pris
tu prendras	tu auras pris
il prendra	il aura pris
nous prendrons	nous aurons pris
vous prendrez	vous aurez pris
ils prendront	ils auront pris

CONDITIONNEL

PRÉSENT	PASSÉ
je prendrais	j'aurais pris
tu prendrais	tu aurais pris
il prendrait	il aurait pris
nous prendrions	nous aurions pris
vous prendriez	vous auriez pris
ils prendraient	ils auraient pris

IMPÉRATIF

PRÉSENT
prends
prenons
prenez

INFINITIF

PRÉSENT	PASSÉ
prendre	avoir pris

PARTICIPE

PRÉSENT	PASSÉ
prenant	pris(es)

CONJUGAISON DE *POUVOIR, VOIR, DEVOIR, VOULOIR*

POUVOIR (3ᴱ GROUPE)

INDICATIF

PRÉSENT	PASSÉ COMPOSÉ
je peux	j'ai pu
tu peux	tu as pu
il peut	il a pu
nous pouvons	nous avons pu
vous pouvez	vous avez pu
ils peuvent	ils ont pu

IMPARFAIT	PLUS-QUE-PARFAIT
je pouvais	j'avais pu
tu pouvais	tu avais pu
il pouvait	il avait pu
nous pouvions	nous avions pu
vous pouviez	vous aviez pu
ils pouvaient	ils avaient pu

PASSÉ SIMPLE	PASSÉ ANTÉRIEUR
je pus	j'eus pu
tu pus	tu eus pu
il put	il eut pu
nous pûmes	nous eûmes pu
vous pûtes	vous eûtes pu
ils purent	ils eurent pu

FUTUR SIMPLE	FUTUR ANTÉRIEUR
je pourrai	j'aurai pu
tu pourras	tu auras pu
il pourra	il aura pu
nous pourrons	nous aurons pu
vous pourrez	vous aurez pu
ils pourront	ils auront pu

CONDITIONNEL

PRÉSENT	PASSÉ
je pourrais	j'aurais pu
tu pourrais	tu aurais pu
il pourrait	il aurait pu
nous pourrions	nous aurions pu
vous pourriez	vous auriez pu
ils pourraient	ils auraient pu

IMPÉRATIF

PRÉSENT
-
-
-

INFINITIF

PRÉSENT	PASSÉ
pouvoir	avoir pu

PARTICIPE

PRÉSENT	PASSÉ
pouvant	pu

VOIR (3ᴱ GROUPE)

INDICATIF

PRÉSENT	PASSÉ COMPOSÉ
je vois	j'ai vu
tu vois	tu as vu
il voit	il a vu
nous voyons	nous avons vu
vous voyez	vous avez vu
ils voient	ils ont vu

IMPARFAIT	PLUS-QUE-PARFAIT
je voyais	j'avais vu
tu voyais	tu avais vu
il voyait	il avait vu
nous voyions	nous avions vu
vous voyiez	vous aviez vu
ils voyaient	ils avaient vu

PASSÉ SIMPLE	PASSÉ ANTÉRIEUR
je vis	j'eus vu
tu vis	tu eus vu
il vit	il eut vu
nous vîmes	nous eûmes vu
vous vîtes	vous eûtes vu
ils virent	ils eurent vu

FUTUR SIMPLE	FUTUR ANTÉRIEUR
je verrai	j'aurai vu
tu verras	tu auras vu
il verra	il aura vu
nous verrons	nous aurons vu
vous verrez	vous aurez vu
ils verront	ils auront vu

CONDITIONNEL

PRÉSENT	PASSÉ
je verrais	j'aurais vu
tu verrais	tu aurais vu
il verrait	il aurait vu
nous verrions	nous aurions vu
vous verriez	vous auriez vu
ils verraient	ils auraient vu

IMPÉRATIF

PRÉSENT
vois
voyons
voyez

INFINITIF

PRÉSENT	PASSÉ
voir	avoir vu

PARTICIPE

PRÉSENT	PASSÉ
voyant	vu(es)

DEVOIR (3ᴱ GROUPE)

INDICATIF

PRÉSENT	PASSÉ COMPOSÉ
je dois	j'ai dû
tu dois	tu as dû
il doit	il a dû
nous devons	nous avons dû
vous devez	vous avez dû
ils doivent	ils ont dû

IMPARFAIT	PLUS-QUE-PARFAIT
je devais	j'avais dû
tu devais	tu avais dû
il devait	il avait dû
nous devions	nous avions dû
vous deviez	vous aviez dû
ils devaient	ils avaient dû

PASSÉ SIMPLE	PASSÉ ANTÉRIEUR
je dus	j'eus dû
tu dus	tu eus dû
il dut	il eut dû
nous dûmes	nous eûmes dû
vous dûtes	vous eûtes dû
ils durent	ils eurent dû

FUTUR SIMPLE	FUTUR ANTÉRIEUR
je devrai	j'aurai dû
tu devras	tu auras dû
il devra	il aura dû
nous devrons	nous aurons dû
vous devrez	vous aurez dû
ils devront	ils auront dû

CONDITIONNEL

PRÉSENT	PASSÉ
je devrais	j'aurais dû
tu devrais	tu aurais dû
il devrait	il aurait dû
nous devrions	nous aurions dû
vous devriez	vous auriez dû
ils devraient	ils auraient dû

IMPÉRATIF

PRÉSENT
dois
devons
devez

INFINITIF

PRÉSENT	PASSÉ
devoir	ayant dû

PARTICIPE

PRÉSENT	PASSÉ
devant	dû, du(es)

VOULOIR (3ᴱ GROUPE)

INDICATIF

PRÉSENT	PASSÉ COMPOSÉ
je veux	j'ai voulu
tu veux	tu as voulu
il veut	il a voulu
nous voulons	nous avons voulu
vous voulez	vous avez voulu
ils veulent	ils ont voulu

IMPARFAIT	PLUS-QUE-PARFAIT
je voulais	j'avais voulu
tu voulais	tu avais voulu
il voulait	il avait voulu
nous voulions	nous avions voulu
vous vouliez	vous aviez voulu
ils voulaient	ils avaient voulu

PASSÉ SIMPLE	PASSÉ ANTÉRIEUR
je voulus	j'eus voulu
tu voulus	tu eus voulu
il voulut	il eut voulu
nous voulûmes	nous eûmes voulu
vous voulûtes	vous eûtes voulu
ils voulurent	ils eurent voulu

FUTUR SIMPLE	FUTUR ANTÉRIEUR
je voudrai	j'aurai voulu
tu voudras	tu auras voulu
il voudra	il aura voulu
nous voudrons	nous aurons voulu
vous voudrez	vous aurez voulu
ils voudront	ils auront voulu

CONDITIONNEL

PRÉSENT	PASSÉ
je voudrais	j'aurais voulu
tu voudrais	tu aurais voulu
il voudrait	il aurait voulu
nous voudrions	nous aurions voulu
vous voudriez	vous auriez voulu
ils voudraient	ils auraient voulu

IMPÉRATIF

PRÉSENT
veux / veuille
voulons
voulez / veuillez

INFINITIF

PRÉSENT	PASSÉ
vouloir	ayant voulu

PARTICIPE

PRÉSENT	PASSÉ
voulant	voulu(es)

Achevé d'imprimer par Grafica Veneta SpA - Italie - dépôt légal n° 06278/8-02 - Juillet 2020